> **"ධම්මෝ හි වාසෙට්ඨා, සෙට්ඨෝ ජනේතස්මිං**
> **දිට්ඨෝ වේව ධම්මේ, අභිසම්පරායේ ච."**

වාසෙට්ඨයෙනි, මෙලොවෙහි ත්, පරලොවෙහි ත්
ජනයා අතර ධර්මය ම ශ්‍රේෂ්ඨ වෙයි !

- අග්ගඤ්ඤ සූත්‍රය – භාග්‍යවත් බුදුරජාණන් වහන්සේ

නුවණ වැඩෙන බෝසත් කථා - 49
ජාතක පොත් වහන්සේ
(විසති නිපාතය)
පූජ්‍ය කිරිබත්ගොඩ ඤාණානන්ද ස්වාමීන් වහන්සේ

ISBN : 978-624-5524-16-7

මුද්‍රණය	:	ශ්‍රී බු.ව. 2567 ඇසළ මස (2023 ජූලි)
සම්පාදනය	:	මහමෙව්නාව භාවනා අසපුව
		වඩුවාව, යටිගල්ඔළුව, පොල්ගහවෙල.
		දුර : 037 2244602
		info@mahamevnawa.lk | www.mahamevnawa.lk
ප්‍රකාශනය	:	මහාමේඝ ප්‍රකාශකයෝ
		වඩුවාව, යටිගල්ඔළුව, පොල්ගහවෙල.
		දුර : 037 2053300, 076 8255703, 070 511 7 511
		info@mahamegha.store | www.mahamegha.store
මුද්‍රණාලය	:	ලීඩ්ස් ග්‍රැෆික්ස් (පුද්.) සමාගම,
		අංක 356 E, පන්නිපිටිය පාර, තලවතුගොඩ.
		ටෙලි: 011-4301616 / 0112-796151

නුවණ වැඩෙන බෝසත් කථා - 49

ජාතක පොත් වහන්සේ

(වීසති නිපාතය)

සරල සිංහල පරිවර්තනය

පූජ්‍ය කිරිබත්ගොඩ ඤාණානන්ද ස්වාමීන් වහන්සේ

ප්‍රකාශනයකි

පෙරවදන

ජාතක පොත් වහන්සේ ඔබ කියවලා ඇති. කුඩා අවධියේත්, පාසලේදීත්, සරසවියේත්, පන්සලේ බණ මඩුවේත්, වෙසක් නාඩගමෙත් අපි ජාතක කථා රස වින්දෙමු. නමුත් එහි සැබෑ අරුත කුමක්දැයි තේරුම් ගන්නට අප සමත් වූ වගක් නම් නොපෙනේ.

'නුවණ වැඩෙන බෝසත් කථා' නමින් ඒ ජාතක කථා ඔබේ ම භාෂාවෙන් ඔබට කියවන්නට ලැබෙන්නේ එයින් ඉස්මතු වන අරුතත් සමගිනි. මෙහි අරුත් දැන එම කථාවත් මතක තබාගෙන සත්පුරුෂ ගුණධර්ම දියුණු කරගන්නට මහන්සි ගන්නේ නම් එය ජාතක කථාවෙන් ඔබට ලැබෙන සැබෑ ම ප්‍රතිඵලය යි.

හැම දෙනාටම තෙරුවන් සරණයි!

මෙයට,
ගෞතම බුදු සසුන තුළ මෙත් සිතින්,
පූජ්‍ය කිරිබත්ගොඩ ඥාණානන්ද ස්වාමීන් වහන්සේ
ශ්‍රී බුද්ධ වර්ෂ 2560 ක් වූ වෙසක් මස 31 දා

මහමෙව්නාව භාවනා අසපුව
වඩුවාව, යටිගල්ඔළුව,
පොල්ගහවෙල.

පටුන

49. වීසති නිපාතය

නමෝ තස්ස භගවතෝ අරහතෝ සම්මාසම්බුද්ධස්ස
ඒ භාගයවත් අර්හත් සම්මා සම්බුදුරජාණන් වහන්සේට නමස්කාර වේවා!

01. මාතංග ජාතකය
බමුණන්ගේ කුලමාන්නය බිඳ දැමූ
මාතංග සෘෂිවරයාගේ කතාව

පින්වතුනේ, පින්වත් දරුවනේ,

ඇතැම් අය ජන්මයෙන් ම උඩඟුයි. දැඩි මාන්නයකින්
යුක්තයි. ඒ හේතුවෙන් ම ඔවුන් පිරිහෙනවා. බාගදා එය
සසරගත පුරුද්දක් වෙන්ටත් බැරි නෑ. මෙහි කියවෙන්නේ
ද එබඳු කතාවකි.

ඒ දිනවල අපගේ ශාස්තෲන් වහන්සේ වැඩවාසය
කොට වදාළේ සැවැත් නුවර ජේතවනයේ. ඒ කාලේ
පිණ්ඩෝල භාරද්වාජ මහරහත් තෙරණුවෝ ජේතවනයේ
සිට කොසඹෑ නුවර උදේනි රජුගේ උයනට දහවල ගත
කිරීම පිණිස අහසින් වඩිනවා. එයත් සසරගත පුරුද්දක්.
ඒ තෙරුන් පෙර ආත්මයක රජකම් කරද්දි උයන පිහිටි
භූමියේ මහත් පිරිවර ඇතිව බොහෝ කල් සුවසේ වාසය
කොට තියෙනවා. මේ ආත්මයෙත් පෙර පුරුදුතාවය
හේතුවෙන් නිතර එහි වැඩම කොට රහත්ඵල සමවතින්
කල් ගෙවනවා.

දවසක් දා ඒ තෙරණුවෝ උයනට වැඩ අතු පුරා මල් පිපී ගිය එක්තරා සල්රුක් සෙවණක විවේකීව වැඩඋන්නා. උදේනි රජතුමාත් සත්දිනක් පුරා මධුපානෝත්සව පවත්වා, උයන්සිරි විදිනු කැමති ව, මහපිරිවරින් යුතුව එදා ම උයනට ආවා. ඇවිත් මඟුල් ගල්තලාවේ එක්තරා ස්ත්‍රියකගේ ඇකයේ හිස තබා හාන්සි වී සිටියා. නාටක ස්ත්‍රීන් ඇවිත් රජු ඉදිරියේ බිම හිඳ මියුරු ගී ගයමින් තුර්ය භාණ්ඩ වාදනය කරන්ට පටන් ගත්තා. අධික ලෙස සුරාමතින් සිටි රජුට ගී නද ඇසුණත් ඉබේ ම තද නින්දක් ගියා. එතකොට නාටක ස්ත්‍රීන් ගී ගැයීම නවතා මල්ඵල නෙළමින්, උයන්සිරි විදිමින් ඇවිද යන අතරේ, පිණ්ඩෝල භාරද්වාජ තෙරුන් සල්රුක් මුල වැඩසිටිනු දැක උන්වහන්සේ වෙත ගොස් වන්දනා කළා. දහම් අවවාද අසමින් සිටියා.

උකුළ මත රජතුමාගේ හිස තබා සිටි ස්ත්‍රිය සිතා මතා ම සිය ඉඟ සෙලෙව්වා. වෙරිමතේ සිටි රජ කලබලයෙන් අවදි වුණා. ඉදිරිපිට වාඩි වී සිටි ස්ත්‍රීන් නොදැක "කෝ මෙතන උන් වසලියෝ...! ඒකුන් කොහේ ගොහින් ද?"

"ආං... අර අතනට ගොසින් මහණුන්නාන්සේ කෙනෙකු වටකොරාන ඉන්න හැටි." යි කියද්දී රජ බලවත් කෝපයට පත්වුණා. "හහ්... ඒ මොකාද බොල මයෙ ගෑනුන් වටකොට ඉන්න මහණා?" කියා ආක්‍රෝශ පරිභව කරමින් "හරි... මං දැන් ඒ මහණාව දිමියන් ලවා කවන්ට ඕනෑ" යි කියා ක්‍රෝධ වසග ව දිමිගොටුවක් කඩාගෙන අවුත් තෙරුන්ගේ ඇඟ මතට විසිරෙව්වා.

තෙරණුවෝ එසැණින් ම අහසට පැන නැංගා.

අහසේ සිට ම රජුට අවවාද කොට ජේතවන සුගන්ධ කුටි දොරටුව ඉදිරියේ පහළ වුණා. "භාරද්වාජයෙනි, තොප කොහි ගොස් පැමිණියේ ද?" යි භාග්‍යවතුන් වහන්සේ අසා වදාළා. තෙරුණුවෝ සිදුවූ සියලු දෙය භාග්‍යවතුන් වහන්සේට සැලකළා. භාග්‍යවතුන් වහන්සේ මෙය වදාළා.

"භාරද්වාජයෙනි, ඔය උදේනි පැවිද්දන් පීඩාවට පත්කළේ මේ ආත්මයේ විතරක් නොවේ. පෙර ආත්මයෙත් පැවිදි උතුමන්ව බලවත් පීඩාවට පත්කොට තියෙනවා." එතකොට පිණ්ඩෝල භාරද්වාජ තෙරුණුවෝ උදේනි රජු පෙර ආත්මයේ පැවිද්දන්ට හිංසා කළ කතාව කියා දෙන්ට කියා ඉල්ලා සිටියා. භාග්‍යවතුන් වහන්සේ එවිට මේ අතීත කතාව ගෙනහැර දක්වා වදාළා.

යටගිය අතීතයේ බරණැස් පුර බ්‍රහ්මදත්ත නම් රජෙක් රාජ්‍ය විචාරමින් සිටියා. ඔය කාලයේ මහා බෝධිසත්වයෝ බරණැස පිටනුවර එක්තරා සැඬොල් පවුලක උපන්නා. ඔහුට ලැබුණේ මාතංග යන නාමය යි. කලක් යද්දී ඔහු තුළ තිබූ අතිශය නුවණ නිසා මාතංග පණ්ඩිත නමින් ප්‍රසිද්ධ වුණා. ඒ කාලේ බරණැස් සිටුතුමාට දිට්ඨමංගලිකා නමින් දියණියක් සිටියා. ඈ මාසයකට දෙකකට වරක් මහත් පිරිවර සහිතව උයන්කෙළියට යනවා.

දවසක් දා මාතංග පණ්ඩිතයෝ කිසියම් කටයුත්තකට නගරයට යමින් සිටියා. ඔය අතරේ පිරිවර සහිතව එන දිට්ඨමංගලිකාව දැක මගින් ඉවත් ව මුවා වී සිටගත්තා. දිට්ඨමංගලිකාත් වටතිර මෑත් කොට බලද්දී පෙනුනේ මාතංග පණ්ඩිතයා ය. 'ඕ... කවුද අර මිනිහා?' 'අනේ උත්තමාවී... ඒ සැඬොල් මිනිහෙක්.'

"හපොයි හපොයි... මං ඉවරයි. නොදැක්ක යුතු දෙයක් ම නොවැ මයෙ දෑසට පෙනුනේ. හනික සුවඳපැන් ඇන්න වර. දෑස් සෝදාගන්ට ඕනෑ. දැන් ඉතින් උයන්කෙළියක් ඕනෑන්නෙ නෑ." කියා ඈ සුවඳ පැනින් දෑස් සෝදාගෙන, තමා දුටු අසුභ දර්ශනයෙන් අසතුටට පත්ව ආපසු හැරී සිටුනිවසට ම ගියා. එතකොට උයන්කෙළියට ගොස් කා බී ප්‍රීති වීමේ අදහසින් සිටි පිරිස මාතංග පණ්ඩිතයන් ගැන කෝප වුණා. "එම්බල දුෂ්ට සැඬොල... නොදකිම් තෝ... තෝ නිසා අද අපට ලැබෙන්ට තිබුණු සුරාවයි කෑමයි ඔක්කොම නැතිවුණා. තියන්නෑ තෝ!" යි මාතංග පණ්ඩිතයන්ට අතින් පයින් ගසා, සිහි නැතිව වැටෙනතුරු පහර දී පිටත් ව ගියා.

මාවත අයිනේ සිහිසුන් ව සිටි බෝධිසත්වයෝ ටික වේලාවකින් සිහි ලැබ වාඩි වී සිතන්ට පටන් ගත්තා. 'දිට්ඨමංගලිකාගේ බත්බැලයෝ කිසි වරදක් නැති නිර්දෝෂි මට සිහි නැතිවෙනතුරු පහර දුන්නා. මෙයට කරන්ට තියෙන්නේ එක ම දෙයයි. දිට්ඨමංගලිකාව ලබාගෙන මිසක් මං ආයෙ නැගිටින්නේ නෑ.' යි දැඩි සේ අදිටන් කොට කෙලින් ම සිටුගෙදර දොරකඩට ගොස් එතන ම වැතිරුණා.

"ඇයි උඹ මෙතන වැතිරුණේ?" යි සිටුතුමා ඇසුවා. "වෙන අමුතු කාරණාවක් නෑ. මට දිට්ඨමංගලිකාව සහේට ගන්ට ඕනෑ." යි වැතිර සිටියදී ම පිළිතුරු දුන්නා. බෝසත්වරයෙකුගේ අධිෂ්ඨානය යනු ඉෂ්ට වෙන දෙයක්. එනිසා ඔහුව එතැනින් ඉවත් කරන්ට කිසිවෙකුටත් බැරි වුණා. ක්‍රමයෙන් දවස් ගෙවී ගියා. සත්වෙනි දවස උදාවුණා. කිසිවක් කරකියා ගත නොහැකි ඔවුන් මාතංග

පණ්ඩිතයාට දිට්ඨමංගලිකා පාවා දුන්නා. දිට්ඨමංගලිකා බිම වැතිරී සිටින මාතංග පණ්ඩිතයන් ළඟට ආවා.

"අනේ ස්වාමීනී, නැගිටින්ට. අපි ඔබගේ ගෙදර යමු." "ආහ්... සොඳුරි, හරීම අමාරුයි... ඔහේගේ බත්බැලයෝ මට හොඳටම පහර දී දුර්වල කළා නොවැ. ආහ්... මට ඇවිදගන්ට බෑ. එක දෙයයි කරන්ට තියෙන්නේ. දැන් මාව කර තියාගෙන තමයි ඔයෑයිට යන්ට වෙන්නේ."

එතකොට ඈ ඉතාමත් දුකසේ මාතංග පණ්ඩිතයන්ව කර තබාගෙන, බරණෑස් නගරවාසීන්ට පෙනි පෙනී නගරයෙන් නික්ම සැඬොල් ගමට ගියා. මාතංග පණ්ඩිතයෝ දිට්ඨමංගලිකා සිය නිවසේ කිහිප දිනක් රඳවා ගත්තා. ඒ කාලය තුළ ඔහු ඈ සමග කිසිදු කායික සබඳතාවක් පැවැත්වුණේ නෑ. 'මං මැයව ලාභ සත්කාර කීර්ති ප්‍රශංසාවෙන් අගපත් කරන්ට ඕනෑ. නුමුත් පැවිදි වී මිස වෙන ක්‍රමයකින් එය කරන්ට අමාරුයි.' යි සිතා දිට්ඨමංගලිකා ඇමතුවා.

"සොඳුරි, මට විශේෂ කටයුත්තකට වනාන්තරයට යන්ට වෙලා තියෙනවා. එහෙ ගොහින් කිසිවක් නොගෙන ආවොත් අපට ජීවිකාව පවත්වන්ට අමාරුයි. මං යළි එනතෙක් පීඩාවට පත් නොවී ඉන්ට හොඳේ." යි කියා 'මං මහවනයට ගිහින්ට එන්ට යනවා. මං එනතුරු දිට්ඨමංගලිකාව රැකගෙන අප්‍රමාදී ව වසන්ට' කියා පිරිසට ඔවදන් දී වනයට ගියා. ගොහින් ශ්‍රමණ පැවිද්දෙන් පැවිදි වුණා. දින සතක් පුරා අප්‍රමාදී ව කරන ලද බලවත් උත්සාහය හේතුවෙන් කසිණ භාවනාව දියුණු කොට සත්වන දා අෂ්ට සමාපත්ති, පංච අභිඥාවන් උපදවන්ට

සමත් වුණා. 'හරි... දැන් මට පුළුවනි දිට්ඨමංගලිකාවට උදව් කරන්න.' යි සිතා අහසෙන් ඉර්ධියෙන් ගොස් සැදොල් ගමට බැස දිට්ඨමංගලිකාගේ නිවස ඉදිරිපිට සිටගත්තා. ඇය තම ස්වාමියාගේ පැමිණීම අසා නිවසින් එළියට පැමිණ, පැවිදි රුව දැක "අනේ ස්වාමීනී, ඇයි මා හුදෙකලා කොට පැවිදි වූයේ?" යි කියමින් හඬන්ට පටන් ගත්තා.

"සොඳුරී... එහෙම සිතන්ට ඕනෑන්නේ නෑ. ඔයෑයි කලින් ලද යස ඉසුරුවලට වඩා මහා යසඉසුරුමත් බවක් මං උපදවා දෙන්නම්. ඒකට එක දෙයක් කරන්ට. ඔයෑයිට පුළුවනි ද මිනිසුන් මැදට ගොහින් කියන්ට 'ඔහේලා මොනවැයි දන්නේ? මයෙ ස්වාමියා එසේ මෙසේ කෙනෙක් නොවේ. එයෑයි මහාබ්‍රහ්මයා.' කියලා?" "එහෙමයි ස්වාමීනී... මට පුළුවනි." "හරි... බොහොම හොඳා. එතකොට ඔවුන් අසාවි තිගේ ඒ සැමියා දැන් ඉන්නේ කොයිබද කියා. එතකොට කියන්ට එයෑයි දැන් ඉන්නේ බඹලොව කියලා. එතකොට අසාවි එන්නේ කවද්ද කියලා. එතකොට කියන්ට 'ඕං බලාපං මයෙ ස්වාමියා එන හැටි. මෙයින් සත්වෙනි දවසේ පුන් පොහෝ දා එනවා. එදාට මයෙ ස්වාමියා වන මහාබ්‍රහ්මයා සඳමඬල පලාන එනවා' කියලා කියන්ට." මෙසේ උපදෙස් දී මාතංග පණ්ඩිතයෝ හිමාල වනය බලා අහසින් ම ගියා.

දිට්ඨමංගලිකාත් බරණෑස් නගරයේ මිනිසුන් රැස් වෙන තැන්වලදී මාතංග පණ්ඩිතයන් කියූ ලෙස ම කියන්ට පටන් ගත්තා. මුලදී ඔවුන් හිනාවුණා. "අයි අයියෝ... මහාබ්‍රහ්මයා වැනි උත්තමයෙක් මෙයෑයි ළඟට ඒ ද?" කිව්වා. නමුත් ඈ දිගටම කියන්ට පටන්

ගත් විට, පොහොය දිනයත් ළං වෙද්දී මහජනයා ටිකෙන් ටික විශ්වාස කරන්ට පටන් ගත්තා. පොහොදා රාත්‍රියේ කවුරුත් අහසේ නැගෙන සඳ දෙස බලා සිටියා. "ආං බලාපල්ලා... අපේ දිට්ඨමංගලිකාවෝ කීවේ හැබෑවක් නොවැ. සඳමඩල අහස් මුදුනේ තියෙන හැටි. අන්න මහාබ්‍රහ්මයා මුළු කාශි රටත්, දොළොස් යොදුන් බරණැස් නුවරත් ඒකාලෝක කොට සඳමඩල පලාන පහළට බහිනවෝ..." කියා මිනිසුන් කෑගැසුවා. බ්‍රහ්මරාජයා ද ඉහළ අහසේ තුන් රවුමක් කරකැවී මහාජනයා සුවඳ මල් උඩට විසුරුවද්දී සැඬොල් ගම දිශාවට හැරී සිටියා.

මහාබ්‍රහ්මයා පුදන බ්‍රාහ්මණයෝ සැඬොල් ගමට දිව ආවා. දිට්ඨමංගලිකාගේ නිවස සුදුවතින් සැරසුවා. සුවඳ වර්ග ඉස්සා. මල් විසිරෙව්වා. සුවඳ දුම් දුන්නා. නිවසේ උඩුවියන් බැන්දා. වටිනා සයනයක් පැනෙව්වා. සුවඳ තෙල් දමා පහන් දැල්වුවා. රිදී පැහැගත් සුදුවැලි ගෙමිදුලේ ඇතිරුවා. දිට්ඨමංගලිකා ගෙට ගොඩ වී මොහොතකට යහනේ අසුන් ගත්තා. මාතංග පණ්ඩිතයෝ කුටියට පිවිසියා. ඇයගේ නාභිය ඇඟිල්ලෙන් පිරිමැද්දා. ඒ හේතුවෙන් ඇයගේ කුසේ දරුගැබක් පිහිටියා.

එතකොට මාතංග පණ්ඩිතයෝ දිට්ඨමංගලිකා ඇමතුවා. "සොඳුරී... දැන් ඔයැයිට දරුගැබක් පිහිටියා. පුත්‍රයෙක් උපදීවි. ඔයාත් පුතාත් ලාභ සත්කාර කීර්ති ප්‍රශංසාවෙන් අගපත් වේවි. ඔයැයිගේ පා සේදූ ජලය සකල දඹදිව රජවරුන්ගේ අභිෂේක ජලය බවට පත්වේවි. ස්නානය කළ ජලය අමා ඔසුපැන් බවට පත්වේවි. යමෙකුට ඒ ඔසුපැන් ඉස්සොත් ඔවුන් දිවි ඇතිතෙක් නීරෝගී ව වාසය කරාවි. ලාමක පෙනුම නැති වේවි.

ඔයෑයි පා තබන පාපුටුව මත හිස තබා වඳින අයෙකුගෙ
න් කහවණු දහසක් ලැබේවි. හඬ ඇසෙන මායිමට ඇවිත්
වඳින්ට කහවණු සීයක් දේවි. දුරදි දැකීම් මාත්‍රයක් සඳහා
කහවණුවක් දේවි. එහෙමනම් පමා නොවී ඉන්ට” යි
ඔවදන් දී මාතංග පණ්ඩිතයෝ ගෙයින් එළියට ඇවිත්
වටපිට බලා මහජනයා දොහොත් මුදුන් දී වැඳ සිටියදී
කුමයෙන් අහසට පැන නැගී කෙලින් ම සඳමඬලට
පිවිසුණා.

රැස්ව හුන් බ්‍රහ්මභක්තිකයෝ සිටගෙන වැඳගෙන
ම රැය පහන් කළා. පසුදා උදෑසන දිට්ඨමංගලිකාව
රන්සිවිගෙයක නංවා, හිසින් ඔසවාගෙන නගරයට
පිවිසුණා. ඇය මහාබ්‍රහ්මයාගේ බිරිඳ වශයෙන් පිළිගෙන
මහාජනයා සුවඳමලින් පුදන්ට පටන් ගත්තා. පාපුටුවේ
හිස තබා වැඳීම පිණිස කහවණු දහසක් දුන්නා. හඬ
ඇසූ අය කහවණු සීයක් දුන්නා. දැක වඳින්ට ලැබුණු අය
කහවණුවක් දුන්නා. මෙසේ දොළොස් යොදුන් බරණැස්
නගරයේ සැරිසරා යද්දී දහඅට කෝටියක කහවණු
ලැබුණා.

නගරයේ චාරිකා කොට අවුත් නගරය මැද මහා
මණ්ඩපයක් කරවා වටතිර ඇද්දා. එහි සැප පහසු අලංකාර
සයනයක් පනවා විසුමට සැලැස්සුවා. මණ්ඩපය අසලින්
ම ද්වාරකොටු සතකින් යුතුව සත්මහල් ප්‍රාසාදයක්
කරවන්ට පටන් ගත්තා. එය සුවිසල් නිර්මාණයක් වුණා.
කලින් තැනූ මණ්ඩපය තුළ ම දිට්ඨමංගලිකාව අලංකාර
පුත්‍රුවනක් බිහිකළා. පුතුට නම් තබන දා බ්‍රාහ්මණයන්
රැස්ව කුමාරයා මණ්ඩපයක් තුළ උපන් නිසා මණ්ඩව්‍ය
යන නම තැබුවා. දස මාසයකින් සත්මහල් ප්‍රාසාදයේ

කටයුතු නිම වුණා. දිට්ඨමංගලිකා මහත් යසඉසුරු සහිතව එහි පදිංචි වුණා.

මණ්ඩව්‍ය කුමාරයා මහත් පිරිවර ඇතිව සුවසේ වැඩුණා. ඔහුට වයස හත අටක් වෙද්දී දඹදිව සිටි අග්‍රගණ්‍ය ආචාර්යවරු ඇවිත් සිය කැමැත්තෙන් ම තුන්වේදය ඉගැන්නුවා. ඔහු වයස දහසයේ පටන් බ්‍රාහ්මණයන් උදෙසා මහදන් පුදන්ට පටන් ගත්තා. නිබඳව ම දහසය දහසක් බමුණන් එහි බෝජුන් අනුභව කළා. දොරටු සතරේ මහදන්සැල් කරවා බමුණන්ට දන් දුන්නා.

එක්තරා උත්සව දිනක දිට්ඨමංගලිකාගේ නිවසේ බොහෝ කිරිබත් පිළියෙල කළා. රන්රස වැගිරෙන අලුත් ම ගිතෙල් හා පැසවන ලද මීසකුරු යොදා සැකසූ අනගි කිරිබතකි එය. සිව් දොරටු කොටුවේ දහසය දහසක් බමුණන් වාඩිකරවා, කුමාරයාත් සියලු අබරණින් සැරසි, රන් මිරිවැඩි පය ලා, රන් සැරයටියක් හා වේවැලක් ගෙන මෙහි බෙදන්ට ගිතෙල්, මීසකුරු යනාදිය විධාන කරමින් ඇවිද ගියා.

එකෙණෙහි ම හිමාල වනයේ ධ්‍යාන සුවයෙන් සිටි මාතංග පණ්ඩිතයන්ට දිට්ඨමංගලිකා හා පුතුයා මතක් වුණා. දැන් ඒ අයගේ තොරතුරු කෙසේදැයි දිව්‍යැසින් බලද්දී ඔහුගේ පුතුයා මිසදිටු බමුණන්ගේ ඇසුර නිසා දන් දීමට සුදුසු උතුමන් හඳුනාගත නොහැකිව සිටිනා බව දැක්කා. 'අද ම ගොහින් මාණවකයාව දමනය කරන්ට ඕනෑ. මහත්ඵල ලැබෙන අයුරින් දන් පිදීමට නිසි උතුමන්ට දන් දෙන්ට සලස්වන්ට ඕනෑ' සිතා අහසින් අනෝතත්ත විලට ගියා. එහිදී දැහැටි කිස නිමවා, මුව දෙවීම් ආදිය

කොට, ගල්තලාවේ සිට රතුවතක් හැඳ, ඉණපටිය බැඳ, පාංශුකූල දෙපට සිවුර පොරවා, මැටි පාත්‍රය අතට ගෙන අහසින් අවුත් සිව්වෙනි දොරකොටුවේ බමුණන්ට දානය දෙන තැන කෙළවරින් බැස එකත්පස්ව සිටියා.

මණ්ඩව්‍ය කුමාරයා දානයට විධාන කරමින් වටපිට බලද්දී මාතංග සෘෂිවරයාව දැක්කා. "හෝහ්... කවුද මේකා? හරියට කසල ගොඩක උපන් යකෙක් වාගේ නොවැ. මේ ශ්‍රමණයා මෙතනට ආවේ කොහින්දැ?" යි අසමින් මේ ගාථාව කීවා.

01. නොමනා ලෙස වැරහැලි ගත දවටා
      තැන තැන ඇවිදින, කසල ගොඩක උපන්
      පිසාවයෙකු සේ කසල ගොඩින් රෙදි අහුලන්
      ගතේ රූවාගෙන තෝ
      මෙතනට කොහි සිටදෝ ආවේ?
      දන් පිළිගන්ට තොට නෑ සුදුසුකම්

එතකොට මාතංග සෘෂිවරයා ඔහු කෙරෙහි අනුකම්පාවෙන් මේ ගාථාව පැවසුවා.

02. යසගොස ඇති කුමරාණෙනි,
      තොප සැකසූ දනක් තිබේ
      මෙතැනට ආ බොහො අය
      හොඳින් කනවා බොනවා
      අනුන්ට පුදන දේ තව අයටත් දෙන නිසා
      අනේ මා ගැනත් ටිකක් සිතනු මැන
      උසස් කුලේ අය කොහි ගියත්
      කන්ට බොන්ට ලැබෙනවා

මේ සැඩොලාට දිවි ගෙවන්ට
නිසි බොජුන් ටිකක් ලැබේවා!

මණ්ඩව්‍ය කුමාරයා :-

03. එම්බල සැඩොල, අසාපිය හොඳින් මා බස
මා සැකසුවේ මේ මිහිරි බත වංශවත් බමුණන්ට ය
සැඳැහැවත් මවිසින් යහපතට ය දන් දෙන්නේ
වහා පල මෙතැනින්, ඇයි තවත් සිටගෙන ඉන්නේ
තා වැනි නීචයෙකුට, මා වැනියෙක් නෑ දන් දෙන්නේ

මාතංග සෘෂි :-

04. කුඹුරු වපුරා අස්වනු, ලබන්ට ආසා කෙනා
හොඳින් ජලය තියේ නම්,
උස් තැන වුණත් වපුරනවා
පහත් බිම වපුරනවා, ඕවිටියෙන් වපුරනවා
දානයේ පල ලැබෙන බව අදහා,
කාහටත් දන් දෙනු මැන
දන් ලැබීමට සුදුසු අයට,
ලැබෙන එක හොඳයි නොවැ

මණ්ඩව්‍ය කුමාරයා :-

05. දන් දුන් විට යමෙකුට ඉන් ලැබඳේ නම් පින් පල
ලෝකයේ උතුම් පින්කෙත,
මා හොඳින් දන්නවා බොල
උතුම් කුලයේ උපන්,
වේද මන්ත්‍ර දත් බමුණෝ සිටිති මට
සුවිශාල ගුණ ඇති ඒ පින්කෙත,
මෙහි සිටින සැටි බල

මාතංග සෘෂි :-

06. උපන් කුලේ ගැන උඩඟු වී,
තමන් උතුම් යයි මාන්නයෙන්
කම්සුවට ඇති ලෝභකමත්,
අනුන් ගැන ද්වේෂයත් ඇති
ලෙඩ නොවෙන, මහලු නොවෙන,
නොමැරෙන අයෙක්මි යි
තමා ගැන කෙතරම් සිතා සිටියත්
දිවියේ සැබෑ තතු නොදැන,
මුලා වී ගුණ රහිතව සිටිනා
යම් අය බලවත් නම්,
ඔවුන් හුඹස් වගේ විසකුරු සපුන් පිරි
සුපේසල නෑ ඔවුන්,
මහත් පල දෙන පින්කෙත ද නොවේ

07. නමුත් යම් අය තුල නැති ද කුලමානය,
නැති ද අතිමානය
කම්සුව ගැන නැති ද ලෝභකම,
ද්වේශයෙන් ද තොර නම්
දිරෙන ලෙඩවෙන මැරෙන අය බව,
හොඳින් දැන සිටිත් නම්
මෝහයෙන් තොර නම්, නුගුණ නැති ඔවුන් හැම
සුපේසල යැයි දත යුතු, ඔවුනට පුදන දන
මහත්ඵල ලැබෙන පින්කෙතකි

මාතංග සෘෂිවරයා යලි යළිත් කරුණු දක්වා සත්‍යය
පහදා දෙන්ට උත්සහ කරද්දි මණ්ඩව්‍ය කුමරා තව තවත්
කෝපයට පත්වුණා. "මේ බලාපංකෝ... මේ මේකා
සීමාවක් නැතිව දොඩන හැටි. කෝ මේ දොරටුපාලයෝ?

මේකුන් කොයිබ ගිහින් ද? මේ නීච සැඬොලා එළවා නොදමන්නේ ඇයි?" කියා මෙය පැවසුවා.

08. උපජෝති, උපජ්ඣය, හණ්ඩකුච්ඡ,
     කොහි ගියා ද තොපි?
     මේකාට වඩ දී දඬුවම් කරව්,
     බෙල්ලෙන් ඇද එළියට දමව්

මණ්ඩව්‍ය කුමාරයාගේ වචනය අසා ඔවුන් වේගයෙන් දිව ආවා. "දේවයෙනි, කුමක්ද කෙරෙන්ට ඕනෑ?" "ඇයි බොල, නොපෙනේ ද? මේ චණ්ඩාලයාව පේනවා නේද?" "අනේ දේවයෙනි, කෝ... එහෙම කවුරුවත් ඉන්න බවක් පේන්ට නෑනේ. එහෙනම් ඒකා මායාකාරයෙක් හෝ විද්‍යාධරයෙක් හෝ වෙන්ට ඕනෑ. එතකොට අපි මොකක්ද කරන්ට ඕනෑ?"

"මේකාගේ මූණට දෙකක් ඇන දමාපං. රෙදි වැරලි ගලවා වඩ දීපං. මේ නීචයා බෙල්ලෙන් අල්ලා එළියට දමාපං." එතකොට මාතංග සෘෂි ඔවුන් තමන් අසලට නොපැමිණ සිටියදී ම අහසට පැන නැගී මේ ගාථාව පැවසුවා.

09. එම්බා දරුව, තොප ඔය පරිහව කරන්නේ
     දයා කරුණා ඇති සෘෂිවරයෙකුට යි
     ගල්කුලක් නියපොත්තෙන් සාරන්ටයි හදන්නේ
     දත්වලින් යකඩ සපන්ටයි හදන්නේ
     ගින්නක් ගිලින්ටයි හදන්නේ

මෙසේ කියා මණ්ඩව්‍ය කුමරා බලාසිටියදී ම අහසින් පිටත් වී ගියා. ඒ අරුත පවසමින් ශාස්තෘන් වහන්සේ මේ ගාථාව වදාළා.

10. නිබඳව පිහිටි මහත් චිත්ත වීරිය ඇති, මාතංග මහාසෘෂි
    පවසා මේ ගාථාව, අන් බමුණන්ට ද තමාව දක්වා
    ඔවුන් බලා සිටියදී, අහසට පැන නැගී පිටත්ව ගියා

මාතංග සෘෂිවරයා නැගෙනහිර දෙසට ගොස් එක්තරා විදියකට බැස්සා. තමාගේ පාසටහන පෙනේවා! යි අදිටන් කොට නැගෙනහිර දොරටුව සමීපයෙහි ගෙපිළිවෙළින් පිඬුසිඟා ලද මිශ්‍ර භෝජනය එක් අම්බලමක හිඳ වැළඳුවා. මේ සිදුවීම දුටු නගරදේවතාවෝ හොඳටම කිපුණා. 'මේ මණ්ඩව්‍යයා අපගේ ආර්‍යයන් වහන්සේට වඩ දෙන්ට අණ කොළා නොවැ' යි. එතකොට ප්‍රධාන යක්ෂයා මණ්ඩව්‍ය කුමරුගේ බෙල්ල කරකවා බිම පෙරළා දැම්මා. අනිත් යකුන් ඇවිත් එහි හුන් දහසය දහසක් බමුණන්ගේ ගෙල කරකවා පෙරළා දැම්මා. මාතංග සෘෂිවරයා ඉතා කාරුණික නිසා ඔහුගේ පුත්‍රයාව නොමරා පීඩාවට පමණක් පත් කරන්ටයි දේවතාවෝ සිතුවේ.

මණ්ඩව්‍ය කුමාරයාගේ ගෙල කරකැවී, මුහුණ පිටිපස්සට හැරී වැටී, අත්පා දිගහැරී දරදඬු වුණා. මැරුණු අයෙකුගේ මෙන් දෑස් කළ ඉඟිරියාව නොපෙනී ගියා. සිරුර ගල්ගැසී ගියා. අනිත් බ්‍රාහ්මණයන් ද බිම වැටී පෙරළෙමින්, මුඛයෙන් සෙම වගුරුවමින්, දඟලමින් සිටියා. සේවකයෝ හොඳටම තැතිගත්තා. දුවගෙන ගොහින් "අනේ ආර්‍යාවෙනි, නුඹවහන්සේගේ පුත්‍රයාට මොකක්දෝ විපැත්තියක් වෙලා." යි දිට්ඨමංගලිකාවට දැනුම් දුන්නා. ඇ වේගයෙන් අවුත් පුත්‍රයා දැක 'අයියෝ මේ කිමැයි" කියා මේ ගාථාව කීවා.

11. අනේ අපේ කුමරාගේ හිස පස්සට කරකවා දමා

අත්පා දිගහැර දරදඬු කොට දමා
මැරුණු අයගෙ වගේ මොහුගේ දෑසත් සුදුයි
අයියෝ කවුද මපුතුට මේ විපැත්තිය කළේ?

එතකොට සේවක ජනයා ඈයට මේ ගාථාවෙන්
පිළිතුරු දුන්නා.

12. මෙහි ආවා ශ්‍රමණයෙක්,
     කුණුගොඩ පිසාවයෙක් වගේ
     කුණුගොඩෙන් ඇහිඳගත්,
     කඩමාලුවෙන් කළ වතක් පොරවා
     පාත්‍රයකුත් අතට ගෙන ආවා නොවැ දන්පොළට
     ඔබගේ පුතු සමග ලොකු කතාවක් දිග්ගැසුණා
     ඔහු ම වෙන්ට ඕනෑ මේ විපත කළේ කුමරුට

     එය ඇසූ දිට්ඨමංගලිකා සිතන්ට පටන් ගත්තා.
'මයෙ පුතුට මෙවන් දෙයක් කරන්ට ඇහැක් බලයක්
වෙනත් අයෙකුට නම් නෑ. නිසැක වශයෙන් ම මාතංග
පණ්ඩිතයෝ ආවා වෙන්ට ඕනෑ. මහා මෙත් කරුණාවෙන්
යුතු එතුමා ජනයාව මෙතරම් පීඩාවට පත්කොට දාලා
යන එකක් නෑ. මේ අසල ම ඉන්ට ඕනෑ.' යි සලකා
"කොහෙද ඒ ශ්‍රමණයන් වහන්සේ වැඩියේ?" යි අසමින්
මේ ගාථාව කීවා.

13. ඒ නුවණැති ශ්‍රමණතුමා, කොයි දිශාවට දෝ ගියේ?
     තරුණයෙනි මට කියවු,
     ඔහු මෙතැන පසුකොට ගිය තැන
     අපි ඔහු සොයා ගොහින් කමා කරවාගෙන එමු
     අනේ මයෙ පුතුගේ පණ බේරුණොත් මට ඒ ඇති

එවිට එතැන සිටි තරුණයෙක් මේ ගාථාවෙන් පිළිතුරු දුන්නා.

14. තොප කිව් ඒ නුවණැති සමණා,
පොහොදා පුන් සඳ වගේ
බබළමින් අහසින් ගියා, නිතැතින් පිහිටි ගුණ ඇති
ඒ සොඳුරු යහපත් කෙනා,
පෙරදිග දෙසට යි වැඩියේ

'අනේ එහෙනම් මගේ ස්වාමියා ඉන්න තැන සොයා ගන්ට ඕනෑ' යි රන් කළස්, රන් බඳුන් ගෙන්වාගෙන පිරිවර ස්ත්‍රීන් ඇතිව පිටත්වුණා. මාතංග සෘෂිහුගේ පාසටහන දැක ඒ ඔස්සේ යද්දී අම්බලමේ අසුනක වැඩහිඳ දන් වළඳින අයුරු දුටුවා. ඔහු සමීපයට ගොස් වන්දනා කොට එකත්පස්ව හිඳගත්තා. තවුසා ඇය දැක තමා වළඳමින් සිටි දානයෙන් ටිකක් ඒ පාත්‍රයේ ම ඉතිරි කළා. දිට්ඨමංගලිකා රන් කළෙන් පැන් දුන්නා. තාපසයා එයින් අතත් මුවත් සෝදාගත්තා. සිය පුතාට වූ කරදරය ගැන අසමින් ඇය මේ ගාථාව පැවසුවා.

15. අනේ අපේ කුමරාගේ හිස පස්සට කරකවා දමා
අත්පා දිගහැර දරදඬු කොට දමා
මැරුණු අයගෙ වගේ මොහුගේ දෑසත් සුදුයි
අයියෝ කවුද මපුතුට මේ විපැත්තිය කළේ?

මාතංග සෘෂි :-

16. ඉතා යහපත් ගුණ ඇති,
ඉසිවරුන් ගැන පහන් සිත් ඇති
බරණැස් නුවර සුරකින,

මහා බලවත් යකුන් ඉන්නවා
දුෂ්ට සිත් ඇති තොප පුතු, සෘෂිවරයාට කිපුණු නිසා
අමනාප වූ යක්ෂයෝ, තොප පුතුට මේ විපත කළා

දිට්ඨමංගලිකා :-

17. අනේ යකුන් ද එහෙනම්,
      මපුතුට මේ විපත් කෙරුවේ?
      බරණෑස රකින උතුමනි,
      නුඹවහන්සේ නොකිපෙනු මැනව
      මම නම් නිතර නුඹවහන්සේගේ පා සරණ යමි
      ශ්‍රමණයෙනි මහා දරු දුකකිනි,
      මා තොප සොයා ආවේ

මාතංග සෘෂි :-

18. දිට්ඨමංගලිකාවෙනි, තොප පුතු මට නින්දා කරද්දී
      මසිතේ ඔහු ගැන, නෑ ක්‍රෝධයක් නම් උපන්නේ
      දැනුත් මට ඔහු ගැන, නෑ කෝප සිත් හටගන්නේ
      වේදය උගත් පමණින්, තොප පුතු ඉතා උඩඟු ය
      හොඳ නරක දෙක ගැන වැටහීම ඇත්තේ ම නැත

දිට්ඨමංගලිකා :-

19. මහා නුවණැති ශ්‍රමණය, සැබෑවින් ම එය ඇත්තකි
      කිසිවක් උගත් පමණින්, වහ මුලාවෙයි මිනිසා
      මපුතු කළ ඒ එක ම වරදට, සමාව දෙනු මැනව
      නෑණවත්හු කිසිදා ක්‍රෝධය බලය කොට නොවසති

එතකොට මාතංග සෘෂිවරයා ඔහුට සමාව දෙමින්
මෙය කීවා. "එහෙනම් මං තොපට අමා ඔසුවක් දෙන්නම්.

එතකොට ඔවුන්ව අල්ලාගෙන සිටින යකුන් ඉවත් වී යාවි."

20. මවිසින් ඉදුල් කළ මේ බත් පිඩ රැගෙන ගොස්
    නුවණ නැති මණ්ඩව්‍යයා හට කන්නට සලසව
    ඉන් පසු යක්ෂයෝ ඔහුව අත්හැර යනු ඇත
    තොප පුතුගෙ අසනීපය, එතැනින්ම සුවපත් වනු ඇත

"අනේ හොඳයි ස්වාමීනී, ඒ අමා ඔසු දෙනු මැනව." යි රන් බඳුනට ඉදුල් බත් ස්වල්පය ඉල්ලා ගත්තා. මාතංග සෘෂිවරයා මෙය කීවා. "දිට්ඨමංගලිකා, මෙයින් භාගයක් තොපගේ පුතුගේ මුඛයේ බහාලන්ට. ඉතිරි ටික හැළියකට දමා, එහි පැන් පුරවා, හොඳ හැටියට කලතා ගන්ට. අනිත් බමුණන්ගේ මුඛයේ ටික ටික දමන්ට. එවිට උන්දැලාත් සුවපත් වේවි." යි ඔවදන් දී අහසට පැන නැගී හිමවතට වැඩියා.

දිට්ඨමංගලිකා "අනේ සාදු... මට අසිරිමත් අමා ඔසුවක් ලැබුණා." යි කියමින් ඉදුල් බත දැමූ රන් තැටිය හිස මත තබාගෙන නිවසට ගොසින් පළමු කොට මණ්ඩව්‍ය පුතුයාගේ මුඛයේ ඉදුල් ටිකක් දැම්මා. එසැණින් යකුන් පලා ගියා. මණ්ඩව්‍ය කුමරා සිහි ලැබ, වැලි පිස දමා නැගිට වටපිට බැලුවා. "මැණියනි, මේ මොකද? මට මක් වුණා ද?" "හහ්... දැන්වත් නුඹ කළ වැඩේ බරපතලකොම දැනගිය. දැන් ඇවිත් බලාපන් නුඹගේ දන්පැන් පිළිගැනීමට සුදුසු මහා වංශවත් කුලයේ උපන් බ්‍රාහ්මණ උත්තමයෝ බිම වැටී සෙම පෙරාන ඉන්න හැටි." යි කියා බමුණන්ව පෙන්නුවා. එය දුටු මණ්ඩව්‍ය කුමාරයා මහත් සංවේගයට පත්වුණා.

දිට්ඨමංගලිකා සිය පුතුට අවවාද කළා. "පුත මණ්ඩව්‍ය, නුඹ මහා මෝඩයෙක්. දානයක් මහත්ඵල ලැබීම පිණිස දිය යුත්තේ කාටදැයි කියා නුඹට කිසි අවබෝධයක් නෑ. දන් පැන් පිදීමට සුදුසු, අපගේ මාතංග පණ්ඩිතයෝ වැනි නුවණැති උතුමන් තමයි. බලපං මුන්දැලා දෙස... මේ අය දන් පිළිගන්ට සුදුස්සෝ නොවේ. මෙතැන් පටන් නුවණින් සිතා බලා සිල්වතුන්ට දන් දීපං." යි කියා මේ ගාථාවන් පැවසුවා.

21. මණ්ඩව්‍ය පුතේ නුඹ, මහ අනුවණ බාලයෙකි
    දන් දෙන්ට සුදුසු පින්කෙත, හඳුනන්ට දක්ෂ නැත
    කිලිටි ක්‍රියාවන්ගෙන් යුතු, අසංවර ඉඳුරන් ඇති
    කෙලෙස් කසට පිරි මේ අයට නොවැ
    මෙතුවක් කල් නුඹ දන් දුන්නේ

22. බලාපං මොවුන් දෙස, හැඳපලු ගෙතුණු කෙස් ඇත
    අඳුන් දිවිසම් ගතෙහි ඇත, දිරාගිය ළිං කටක් සේ
    මුහුණ පුරා රැවුල වවා, මුබය සිදුරක් සේ පෙනේ
    හොඳින් බලපං මේ අය, නොපෙනේ ද රකුසන් සේ
    නීච රූපී මේ අයට බෑ, බාලයෙකු වූ නුඹ රකින්නට

23. යම් උතුමන්ගෙ සිත තුළ, රාගයත් ද්වේශයත්
    අවිද්‍යාවත් මෝහයත්, සහමුලින් නැසී ඇත්නම්
    හැම ආශ්‍රව නැසූ, ඒ රහත් මුනිවරු සිටිත් නම්
    ඔවුන් හට පුදන දන, මහත් පින්ඵල ලබාදේ ම ය

"මණ්ඩව්‍ය, මේ අසාපං. මෙතැන් පටන් මෙවැනි විකාරරූපී බමුණන්ට දන් දෙන්ට ඕනෑන්නේ නෑ. මේ ලෝකයේ පංච අභිඥා, අෂ්ට සමාපත්ති උපදවාගත් දැහැමි ශ්‍රමණයන් වහන්සේලා ඉන්නවා. පසේබුදුවරු

නමිනුයි උන්වහන්සේලා ගැන ලෝකයා දන්නේ. උන්වහන්සේලාට දන්දීම යි කළයුත්තේ. දැන් වරෙං පුතේ... තොපගේ කුලුපග බ්‍රාහ්මණයන්ට අමාඬසු පොවා සුවපත් කරමු.” යි හැළියේ දමා දිය කළ ඉදුල් බත් දිය ගෙන දහසය දහසක් බමුණන්ගේ මුඛයෙහි වත්කළා. එක් එක්කෙනා වැලි පිසදමින් නැගිටින්ට පටන් ගත්තා. දානයට නොපැමිණි අනික් බ්‍රාහ්මණයෝ 'දැන් මේකුන් තවදුරටත් බ්‍රාහ්මණයන් නොවේ. සැඬොලෙකුගේ ඉදුල් බත් දිය බිව්වා.' යි කියා අබ්‍රාහ්මණයන් බවට පත්කළා. ලැජ්ජාවෙන් පීඩිත වූ ඒ දහසය දහසක් බමුණෝ බරණැස අත්හැර මේධ්‍ය නම් රටට ගියා. ඒ රජු යටතේ වාසය කළා. මණ්ඩව්‍ය පුත්‍රයා බරණැස ම නැවතුණා.

ඒ කාලයේ වෙත්තවතී නගරය ඇසුරු කොට වෙත්තවතී නදී තෙර එක් බ්‍රාහ්මණ පැවිද්දෙක් විසුවා. ඔහුත් තමා උපන් කුලය ගැන ඉතා උදඟු ව අනුන් පහත් කොට සැලකුවා. මාතංග සෘෂිවරයා ඔහුගේ මාන්නය බිඳ දමන්ට කල්පනා කළා. වෙත්තවතී ගංතෙරට ඇවිත් බ්‍රාහ්මණයාගේ කුටිය ඇති තැනට ඉහළින් ගංතීරයේ උඩට වෙන්ට වාසය කළා. දවසක් දා සෘෂිවරයා දැහැටි දඩුවකින් දත් මැද දියට දැම්මා. ඒ දැහැටි දඩුව පහළ ජලස්නානය කරමින් සිටි උදඟු බ්‍රාහ්මණයාගේ ජටාවේ පැටලුණා. හිසේ පැටලුණේ කුමක්දැයි අතට ගෙන බලා වහා එය අත්හැරියා. 'චික්... වසලය, නැසී යා තෝ... කොහෙන්ද මේ විකාර දැහැට්ට ගසාගෙන ආවේ? ගංතෙර උඩ ඉන්නේ කවුදැයි බලන්ට ඕනෑ' යි සිතා උඩු අතට යද්දී ශ්‍රමණ තාපසයෙකු දැක්කා. 'හෝ... ශ්‍රමණයෙක් නොවැ.' යි සිතා “එම්බා ශ්‍රමණය, තොප

උපන් කුලය කුමක්ද?"

"අනේ තවුසාණෙනි, මං සැඬොල් කුලයේ උපන්නේ."

"නෑසි යා කාලකණ්ණිය, ඇයි තා මේ ගඟේ උඩු පැත්තේ වසන්නේ? යටිපල්ලේ වසපිය."

"එසේය තවුසාණෙනි" කියා මාතංග සෘෂිවරයා ගඟෙහි යටිපැත්තට ගියා. එහි වසද්දී දත් මැද ගඟට දමන දැහැටි දඬු උඩුගං බලා ගොස් ජලස්නානය කරමින් සිටින තවුසාගේ ජටාවේ පැටලුණා. තවුසා ක්‍රෝධයෙන් දත් කමින් තට තට ගා වෙවිලමින් පැමිණ "එම්බා නීච වසලය, දැනගිය මං තට කරන දේ. තා මෙහි වාසය කළොත් මෙයින් සත්වෙනි දවසේ තගේ හිස සත්කඩකට පැළේවා පැළේවා!" යි ශාප කළා.

මාතංග සෘෂිතුමා මෙය සිතුවා. 'ඉදින් මේ තැනැත්තා කෙරෙහි කිපුණොත් මං සිල් රැක්කා වෙන්නේ නෑ. මොහුගේ උඩඟුකම බිඳින්ට ඕනෑ උපායකින්.' යි සිතා සත්වෙනි දා හිරු උදාවීම වැළැක්කුවා. හිරු නොනැඟීම නිසා මිනිසුන් මහත් කැළඹීමට පත්ව වංශවත් තවුසා වෙත පැමිණියා. "අනේ ස්වාමීනී, හිරු නගින්නේ නෑ නොවැ. එය වළක්වා තියෙන්නේ තමුන්නාන්සේ ද?"

"මං මොකටෙයි හිරු නැඟීම වළක්වන්නේ? ආං ගංගාවේ පහළ සැඬොලෙක් ඉන්නවා. මට හිතෙන්නේ ම මෙය ඒකාගේ වැඩක් වෙන්ට ඕනෑ." එතකොට මිනිස්සු මාතංග සෘෂිතුමා ළඟට ගියා. "අනේ ස්වාමීනී, තමුන්නාන්සේ ද මේ හිරු උදාවීම වළකා ඉන්නේ?" "එසේය පින්වත්නි, මං තමයි එය කළේ." "ඇයි ස්වාමීනී,

එවැනි බරපතලකොමක් කරන්ට සිතුවේ?"

"පින්වත්නි, එක්තරා තාපසයෙක් මේ ගංගාව උඩ අසවල් තැන ඉන්නවා. ඔහු 'දින හතකින් තගේ හිස පැළේවා!' කියා නිකරුණේ නිරපරාදේ මට ශාප කොළා. ඉතින් මං බැලුවා එය සැබෑ වේද කියා. බැලින්නම් දින හත ඇවෑමෙන් හිරු නැග එද්දී එයැයිගේ හිස සත්කඩට පැළෙන්ට නියමිතයි. මං ඔහුට අනුකම්පා කරනවා. ඒකයි හිරු නැගීම වළකාගෙන ඉන්නේ. එයැයි ඇවිත් මගේ පා අසල වැද වැටී සමාව ගත්තොත් හිරු උදාවීම සිදුවෙනවා."

එතකොට මිනිසුන් කුලමාන්නයෙන් දැපී සිටි බමුණා වෙත ගියා. ඔහුව බලහත්කාරයෙන් ඇදගෙන ආවා. මාතංග සෘෂිවරයාගේ දෙපා මුල හිස තබා වන්දවා සමා කෙරෙව්වා. "හරි ස්වාමීනී, දැන් හිරු උදාව සලසන්ට." "මෙය එකවරට ම කරන්ට ගියොත් හිරු උදාවෙනකොට ම මෙයැයිගේ හිස සත්කඩට පැළේවි." "එතකොට ස්වාමීනී, අපි මොකක්ද කරන්ට ඕනෑ?" "අමුමැටි පිඩක් අරගෙන එන්ට. මේ තවුසාගේ හිස මත ඒ මැටි පිඩ තබා මොහුව ගෙල දක්වා ගංගා ජලයේ බස්සවන්ට. මං හිරු අල්ලාගෙන සිටීම අත්හරිනකොට ම මැටි පිඩ පැළේවි. එතකොට ම මෙයැයිට දියේ කිමිදෙන්ට කියන්ට." මිනිස්සු මැදිහත් වෙලා ඒ විදිහට ම කළා. හිරු උදා වුණා. තවුසාට කරදරයක් වුණේ නෑ. ඔහුගේ උඩඟුකම නම් නැතිවුණා.

දවසක් දා මාතංග සෘෂි බැලුවා බරණැස අත්හැර ගිය මාන්නක්කාර බ්‍රාහ්මණයන් දැන් ඉන්නේ කොහිද කියා.

මේධ්‍ය රටේ රජ්ජුරුවන් ළඟට ගොහින් ඔවුන් සුවසේ වසනවා. ඔවුන්වත් දමනය කරන්ට සිතා ඒ රටට අහසින් ගියා. නගරාසන්නයේ බැස පාත්‍රය ගෙන නුවර පිඬුසිඟා වැඩියා. බරණැසින් ආ බමුණෝ මාතංග සෘෂිවරයාව හඳුනාගත්තා. "හපොයි... ආං බලාපං... අන්න... අරකා... මෙහෙටත් ඇවිල්ලා. තව දින දෙක තුනක් සිටියොත් අපට යන එන මං නැති වෙනවා." යි කතිකා කොට වහා රජු බැහැදකින්ට ගියා. "අනේ මහරජුනි, මහා භයානක අනතුරක් වෙන්ට නියමිතයි. ඉතා දරුණු මායාකාරී විද්‍යාධරයෙක් ඇවිත් ඉන්නවා. ඒකාව ඉක්මනින් ම කම්මුතු කරවන්ට ඕනෑ." කියා රජතුමාට කේළාම් කියා මාතංග සෘෂිවරයා කෙරෙහි අපැහැදෙව්වා. රජත් ඒ අදහසට එකඟ වුණා.

මාතංග සෘෂිවරයාට එදා මිශ්‍ර භෝජනයක් ලැබුණා. එය රැගෙන එක්තරා බිත්තියක් ඇසුරු කරගත් පිල්කඩක අසුන් ගෙන වළඳන්ට පටන් ගත්තා. එසේ දන් වළඳමින් සිටින අතරේ රජු විසින් එවන ලද එක් පුරුෂයෙක් පසෙකින් පැමිණ එක් කඩු පහරින් ම සෘෂිතුමාව ඝාතනය කළා. ඔහු කලුරිය කොට බඹලොව උපන්නා. මේධ්‍ය නගරය රකිමින් සිටි දේවතාවෝ සිල්වත් ගුණවත් සෘෂිවරයා නිකරුණේ ඝාතනය කිරීම ගැන අතිශයින් ම කිපුණා. ඒ හේතුවෙන් මේධ්‍ය රටට රත් වූ ගිනි අඟුරු වරුසාවක් වැස්සා. එයින් රට විනාශ වී වල් බිහි වී වනාන්තරගත වුණා. මේධ්‍යාරණ්‍යය බවට ඒ රට පත්වුණේ ඊට පසුව යි.

මෙය වදාරා භාග්‍යවතුන් වහන්සේ මේ ගාථාව වදාළා.

24. පැතිරගිය කිතුගොස ඇති, මාතංග මහසෘෂි කෙරෙහි
     කිපුණු සිත් ඇතිව කළ අපරාධය නිසා
     රජු සහිත රටවැස්සා සහපිරිවරින් නැසුණා
     ඉන් පසු ඒ රට මේධ්‍යාරණ්‍යය බවට පත්වුණා

මහණෙනි, උදේනි රජ පැවිද්දන් වෙහෙසුවේ මෙදා පමණක් නොවේ. එදත් එය ම යි කළේ. මහණෙනි, ඒ කාලේ මණ්ඩව්‍ය කුමාරයා ව සිටියේ උදේනි රජු. මාතංග සෘෂි ව සිටියේ මා ය" කියා මේ මාතංග ජාතකය නිමවා වදාළා.

02. චිත්තසම්භූත ජාතකය

චිත්ත සහ සම්භූත
දෙසොහොයුරන්ගේ කතාව

පින්වතුනේ, පින්වත් දරුවනේ,

ඇතැම් අය මුණගැසුණු දා පටන් එකිනෙකා ප්‍රියශීලී ව, මිත්‍රභාවයෙන්, සමගි ව වාසය කරනවා. ඔවුන්ගේ මිත්‍රත්වය බොහෝදා සාංසාරික පුරුද්දක් විය හැකියි. මෙයත් එබඳු කතාවක්.

ඒ දිනවල අපගේ භාග්‍යවතුන් වහන්සේ වැඩවාසය කොට වදාළේ සැවැත් නුවර ජේතවනයේ. එකල අප මහා කාශ්‍යපයන් වහන්සේගේ ශිෂ්‍ය හික්ෂූන් දෙනමක් සිටියා. මේ දෙනම එකිනෙකා කෙරෙහි ඉතාමත් කුලුපග යි. විශ්වාසවන්තයි. දෙදෙනා ම පිඬුසිඟා යන්නෙත් එකට. නැවත එන්නෙත් එකට. භාවනා කරන්නේ, සජ්ඣායනා කරන්නේ, වත් කරන්නෙත් එකට ම යි. මේ සමගිය ටිකාක් කැපී පෙනුනා. එදා දම්සභා මණ්ඩපයේ රැස්වූ හික්ෂූන් වහන්සේලා මේ දෙනම කෙරෙහි පවත්නා දැහැමි හිතවත්කම ගැන ප්‍රශංසාත්මකව කතා කරමින් සිටියා. ඒ අවස්ථාවේ අප භාග්‍යවතුන් වහන්සේ එතැනට පැමිණ වදාළා. හික්ෂූන් වහන්සේලා තමන් කතා කරමින්

සිටි කරුණ භාග්‍යවතුන් වහන්සේට සැලකොට සිටියා. භාග්‍යවතුන් වහන්සේ මෙය වදාළා.

"මහණෙනි, එක් ආත්මයකට පමණක් සීමා වී ඇති මේ දැහැමි මිත්‍රත්වය අසිරියක් නොවේ. නමුත් පුරාණ කාලයේ සිටිය නුවණැත්තෝ ආත්මභාව තුන හතර නොවෙනස් ව මිත්‍රභාවය දිගටම පවත්වා ඇවිත් තියෙනවා." යි මේ අතීත කතාව ගෙනහැර දක්වා වදාළා.

යටගිය ඈත අතීතයේ අවන්ති රටේ උදේනි නුවර අවන්ති මහරජ නමින් රජෙක් රාජ්‍ය විචාරමින් සිටියා. ඒ කාලයේ උදේනි නගරයෙන් පිටතට වෙන්ට එක් සැඩොල් ගමක් තිබුණා. ඒ සැඩොල් ගමේ මහා බෝධිසත්ත්වයෝ උපන්නා. ඔහුට චිත්ත යන නම ලැබුණා. චිත්තගේ පුංචි අම්මාටත් පුතෙක් උපන්නා. ඔහුට ලැබුණේ සම්භූත යන නමයි. මේ දෙන්නා වයසින් මුහුකුරා ගිය විට 'සැඩොල් කුලය සේදීම' නම් විශේෂ ශිල්පයක් ඉගෙන ගත්තා. දවසක් දා උදේනි නගර දොරටුව ළඟ ශිල්ප දක්වන්නෙමු යි කියා දෙන්නා කතිකා කරගෙන එක් අයෙක් උතුරු දොරටුවේත් අනිකා බටහිර දොරටුවේත් ශිල්ප දක්වන්ට පටන් ගත්තා.

උදේනි නගරයේ සිටුකුලයේ උපන් ධනවත් කුමරියන් දෙදෙනෙක් සිටියා. දෙදෙනා ම දුටු දෙයින් සුභ අසුභ විපාක ලැබේ යැයි මතයක් දැරූ නිසා ඔවුන්ව හැඳින්වූයේ දිට්ඨමංගලිකාවරු නමින්. එදා ඒ සිටුදුවක් කෑම බීම සුවඳ මල් ආදිය ගෙන පිරිවර ජනයා සමග උයන් කෙළි පිණිස උතුරු දොරටුවෙන් නික්මුණා. අනික් සිටුදුවත් බටහිර දොරටුවෙන් නික්මුණා. කවුදෝ තරුණයන් ශිල්ප

දක්වනු දුටු ඔවුන් ඒ කවුද කියා ඇසුවා. ඒ සැදොලුන් ය කියා මහජනයා කීවා. "හයි හයියෝ... නොදැක්ක යුතු මහා අසුභ දර්ශනයක් නොවැ පෙනුනේ. ඉක්මනින් සුවඳ පැන් ඇන්න වර. දෑස් සෝදාගන්ට ඕනෑ." යි කියා දෑස් සෝදාගෙන උයන්කෙළි නවතා ආපසු නිවෙස්වලට ගියා.

දිට්ඨමංගලිකාවරුන්ගේ උයන්කෙළියේදී කන්ට බොන්ට බලා සිටි ජනයා සැදොල් තරුණයන් දෙදෙනා ගැන කෝප වුණා. චිත්ත සම්භූත දෙන්නා වටකොට "අඩේ... දුෂ්ට සැදොලනි, නීව තොපි නිසා අපට වෙච්චි දේ බලපිය... යස අගේට කුස පුරා කන්ට බොන්ට තිබූ මොහොත අපට අහිමි වුණා" යි කියා මේ සොයුරන් දෙන්නාට සිහි නැතිවනතුරු පහර දුන්නා. එක් අයෙක් උතුරු දොරටුව අසල ගුටි කෑවා. අනිකා බටහිර දොරටුව අසල ගුටි කෑවා. ඔවුන්ට සිහිය ආ විට අමාරුවෙන් නැගිට, එකිනෙකා මුණගැසී, එක් තැනකට ගොස් තමන් මුහුණ දුන් දුක්බිත අත්දැකීම ගැන කියා හඬා දොඩා "අපි මේ විපැත්තියෙන් නිදහස් වෙන්ට කුමක් හෝ කරන්ට ඕනෑ" යි කතා වුණා.

"අපගේ මේ හැම නස්පැත්තියට ම මුල නීව කුලයේ උපන්න එක. අපට මේ සැදොල් වැඩ හරියන්නේ නෑ. අපි මේ කුලමල සඟවාගෙන බ්‍රාහ්මණයන්ගේ වේශයෙන් තක්සලාවට යමු. ගොහින් ශිල්ප ශාස්ත්‍ර උගනිමු." යි කතා කරගෙන තක්සලා ගියා. ඒ අතරේ සැදොල්ලු දෙන්නෙක් බ්‍රාහ්මණයන්ගේ වේශයෙන් වෛද්‍ය ඉගෙන ගන්ට පිටත් වුණා ය කියන කරුණත් දඹදිව පුරා පැතිර ගියා.

බ්‍රාහ්මණයන්ගේ වේශයෙන් ගිය මේ දෙදෙනා දිසාපාමොක් ඇදුරුතුමා මුණගැසී ඉගෙන ගන්ට පටන්

ගත්තා. චිත්ත පණ්ඩිතයා ඉතා ඉක්මනින් ශිල්ප හදාරා අවසන් වුණා. සම්භූතගේ ශිල්ප හැදෑරීම තවම අවසන් නෑ.

දිනක් එක ගම්වැසියෙක් බ්‍රාහ්මණයන් ලවා වේද සජ්ඣායනාවක් කරගන්ට ඕනෑ ය කියා දිසාපාමොක් ඇදුරැට ඇරයුම් කළා. ඒ රාත්‍රියේ ම මහවැසි ඇදහැලී ඇළදොළ වැව් පොකුණු පිරී ගියා. එතකොට ආචාර්යපාදයෝ උදෑසන ම චිත්ත පණ්ඩිතයන් ඇමතුවා. "පුත්‍රය, අද මට යන්ට විදිහක් නෑ. නුඹ මේ අනිත් දරැවන් සමග ගොස්, වේද සජ්ඣායනාව කරවා, තමුන්ට ලැබෙන කොටස භුක්ති විඳ අපගේ කොටස රැගෙන එන්ට." කියා පිටත් කෙරෙව්වා.

චිත්ත පණ්ඩිතත් එයට එකඟ ව අනිත් බ්‍රාහ්මණයන් සමග පිටත් ව ගොස් වේද සජ්ඣායනාව කළා. පසුවදා උදෑසන මාණවකයෝ ස්නානය කිරීම, මුව දෙවීම් ආදිය කරන අතරේ මිනිස්සු ඔවුන් සඳහා ප්‍රණීත කිරිබතක් පිළියෙල කොට නිවෙන්ට හැරියා. කිරිබතෙහි රස්නෙ තිබියදී ම බ්‍රාහ්මණ මාණවකයෝ ඇවිත් දානයට වාඩිවුණා.

මිනිස්සු දකුණතින් පැන් කෙණ්ඩිය ගෙන, වමතින් පඬික්කම ගෙන බ්‍රාහ්මණයන්ගේ දකුණු අතට පැන් වත්කොට අත් සේදීමට සැලැස්සුවා. එයට කියන්නේ දක්බිණෝදකය කියලයි. ඉන් පසු ඔවුන් ඉදිරියේ බඳුන් තබා කිරිබත් බෙදුවා. කිරිබත මොළොක් ව පෙනුන හෙයින් සම්භූත පණ්ඩිත මුදුනින් බත්පිඩක් ගෙන සිසිල් යැයි සිතා කටට දමා ගත්තා. එය ගිනිගත් යකඩ ගුලියක්

සේ රස්නයෙන් යුතුව ගිලුණා. එතකොට උගුර කට දැවී ගියා. එයින් වූ කම්පනයෙන් සිහි උපදවාගත නොහැකිව චිත්ත පණ්ඩිතයා දෙස බලා "බලු-බලු, එපා වුණා, එපා වුණා" යි සැඬොල් භාෂාවෙන් කීවා. චිත්ත පණ්ඩිතත් වැඩිදුර නොසිතා සැඬොල් භාෂාවෙන් ම "නිග්ගල-නිග්ගල, ගිලපං, ගිලපං" යි කීවා. බ්‍රාහ්මණ මාණවකයෝ එය අසා අන්දුන් කුන්දුන් වී එකිනෙකාගේ මුහුණ බලා ගත්තා. "හෑ... ඒ මොන භාෂාවක් ද?" "ආ... එක මේ... හොඳ වැඩවලදී කියන දෙයක්" කියා චිත්ත පණ්ඩිත කිව්වා.

බ්‍රාහ්මණ මාණවකයන්ට අමුත්තක් දැනුණා. ඔවුන් වහා නැගිට එළියට ආවා. කණ්ඩායම් වශයෙන් එකතු ව තැන් තැන්වල වාඩිවුණා. ඒ කතා කළ භාෂාවේ ඇත්ත විස්තර සොයන්ට පටන් ගත්තා. එය සැඬොල් භාෂාව බව දැනගත්තා. "එම්බා කාලකණ්ණි නීච සැඬොලනි, තොපි දෙන්නා මෙතෙක් කල් බ්‍රාහ්මණයන්ගේ වේශයෙන් අපගේ ඇස් වසා වංචා කළා නොවැ ඒ?" කියා දෙන්නාට ම හොඳටම පහර දුන්නා.

එතැන සිටි එක් සත්පුරුෂයෙක් ඉදිරියට පැන්නා. ඔවුන්ට පහර දීම වැළැක්කුවා. චිත්ත-සම්භූත ඇමතුවා. "එම්බල... හොඳින් අසාපිය. මෙය තොපගේ වැරද්දක් නොවේ. උඹලා උපන් කුලයේ වැරද්ද. දැන් කොහේ හරි කැලෑවකට ගොහින් පැවිදි ව ජීවත් වෙයං." කියා පණ බේරා පිටත් කෙරෙව්වා. අයියා මලෝ දෙන්නාත් ඉක්මනින් ම තක්ෂිලාව අත්හැර වනගත වුණා. සෘෂි පැවිද්දෙන් පැවිදි වුණා. ඔවුන්ට වැඩිකල් ජීවත් වෙන්ට ලැබුණේ නෑ. දෙන්නා ම අපවත් වුණා.

ඊට පස්සේ නේරංජරා නදී තෙර වනයේ සැරිසැරූ එක් මුවදෙනකගේ කුසෙහි පිළිසිඳ ගත්තා. මුව පැටවුන් හැටියට උපන්නාට පස්සේත් දෙන්නා එකට ම යි වාසය කළේ. දවසක් දා මුවෝ දෙන්නා ගොදුරු කන්ට ගොහින්, එක් රුක් සෙවණක අඟට අඟ පටලවමින්, මුහුණට මුහුණ තියමින්, ඇඟේ ලොම් සොලවමින් සතුටින් සිටිද්දී, මොවුන් දුටු වැද්දෙක් එක් සැත් පහරින් ම දෙන්නා මරා දැම්මා.

එතනින් චුත වූ ඒ දෙන්නා ඊට පස්සේ උපන්නේ නර්මදා නදී තෙර උකුසු ධේනුවකගේ කුසේ. දැන් දෙන්නා ම උකුසු පැටවු දෙන්නෙක්. ලොකු වුණාමත් දෙන්නා එකට ම ගොදුරු සොයන්ට යනවා. දිනක් දෙන්නා ම එකිනෙකා සෙල්ලම් කරමින් සිටියදී සත්‍රියන් උස ඊටක උගුල් අටවා පක්ෂීන් මරන කුරුලු වැද්දෙක් එක් පහරින් ම දෙන්නාව අල්ලා මරා ගත්තා.

එතනින් චුත වූ චිත්ත පණ්ඩිත කොසඹෑ නුවර පුරෝහිත බ්‍රාහ්මණයාගේ පුත්‍රයා ව උපන්නා. චිත්ත පණ්ඩිතට කුඩා වයසේදී ම තමන්ගේ පෙර ආත්ම තුන සිහිපත් කරන්ට හැකියාව තිබුණා. කලින් ම හිටිය සැඩොල් ආත්මෙත් මතකයි. ඒ වගේම මුව ආත්මෙත්, උකුසු ආත්මෙත් මතකයි.

සම්භූත පණ්ඩිත උත්තරපංචාල රජුගේ පුත් කුමරා ව උපන්නා. ඔහුටත් පෙර ආත්මය සිහි කරන්ට පුළුවන්කම ඇතිවුණා. හැබැයි සැඩොල් ආත්මය ගැන පමණයි. තිරිසන් ආත්ම ඔහුට මතක් වුණේ නෑ.

වයස දහසය වන විට චිත්ත පණ්ඩිත ගිහි ගෙය

අත්හැරියා. සෘෂි පැවිද්දෙන් පැවිදි ව ධ්‍යාන අභිඥා උපදවාගෙන ධ්‍යාන සුවයෙන් කල් යැව්වා.

උත්තරපංචාල රජුගේ ඇවෑමෙන් සම්භූත රජකමට පත්වුණා. සුදු සේසත ඔසොවන මංගල දිනයේදී මහජනයා මැද මංගල ගීයක් වශයෙන් ගාථා දෙකක් ඔහු කීවා. එය ඇසූ අය 'මෙය අප රජුගේ මංගල ගීය' කියා පාඩම් කරගත්තා. අන්තඃපුර ස්ත්‍රීනුත් ගී ගයනවිට ගයන්නේ ඒ ගීය යි. අනුක්‍රමයෙන් එය රජතුමාගේ ප්‍රියතම ගීය ලෙස සියලු නගරවාසීනුත් ගයන්ට පටන් ගත්තා.

ධ්‍යාන සැපයෙන් වාසය කළ චිත්ත පණ්ඩිත තමන්ගේ පෙර ආත්මයේ සම්භූත නම් ව සිටි සොයුරා දැන් කොහේදැයි නුවණින් බලද්දී ඔහු අලුතින් රජකමට පත්වී ඇති බව දැක්කා. 'මේ මොහොතේ මෙයැයිට සත්‍යය පහදා දෙන්ට පුළුවන්කමෙක් නෑ. මහලු වයසට යනකල් බලා සිටින්ට වෙනවා.' යි සිතා ඔහු මුණගැසෙන අදහස කල් දැම්මා. සම්භූත පනස් වයසට පත්ව, දූදරුවන් ද ලබා සිටි අවස්ථාවේ චිත්ත පණ්ඩිත ඉර්ධියෙන් ඇවිත් රජ්ජුයනට බැස්සා. එහි මඟුල් ගල්තලාවේ රන් පිළිමයක් සේ වාඩි වුණා.

එතකොට ම එක් දරුවෙක් රජු විසින් රචිත ගීතය ගයමින් දරමිටියක් ඔසොවාගෙන යද්දී තාපසයා ඔහුට කතා කළා. දරුවා දරමිටිය පසෙක ලා තවුසා වැඳ සිටගත්තා. "දරුවෝ... මං අසා සිටියා දර කඩන්ට ආ වේලේ පටන් එක ම ගීයක් නොවැ ඔයා ගයන්නේ. ඇයි තව ගී දන්නැද්ද?" "අනේ තාපසයින් වහන්ස, මං ගොඩාක් ගී දන්නවා. මේ ගීය තමා අපේ රජ්ජුරුවෝ

ආසම ආසා. එනිසයි මෙය ගයන්නේ." "එතකොට දරුවෝ, රජ්ජුරුවන්නේ ඔය ගීයට පිළිතුරු ගීයක් ගැයූ කවුරුත් නැද්ද?" "අනේ නෑ ස්වාමීනී, එහෙම පිළිතුරු ගීයක් අපි අසා නෑ."

"හරි... එතකොට ඔයාට ඇහැකි ද පිළිතුරු ගීයක් ගයන්ට?" "අනේ තාපසයින් වහන්ස, මං නම් හරි ආසයි. ඒත් මං දන්නේ නෑ නොවැ." "මං ඔයාට ගීයක් කියා දෙන්නම්. එය හොඳින් මතක තියාගෙන රජ්ජුරුවන් බැහැදැක ඒ ගීය කියන්ට. ඔයාට ගොඩක් තෑගි භෝග ලැබෙවි."

එතකොට දරුවා ගීය ඉගෙන ගත්තා. කෙලින් ම ගෙදර ගියා. මාපියන්ට එය කීවා. ඔවුන් දරුවාට අලංකාර වතක් හැඳ පොරවා රජ දොරටුව වෙත ගියා. "අනේ කියන්ට අපගේ දේවයන් වහන්සේගේ ගීයට පිළිතුරු ගීයක් කියන්ට එක් පුතුයෙක් ඇවිත් ඉන්නවා කියා." එකරුණ රජුට දැන්වූ පසු රජ දරුවා කැඳවා ඇසුවා. "එම්බා දරුව, මයෙ ගීයට පිළිතුරු ගීයක් තොප දන්නවා ද?" "එසේය දේවයන් වහන්ස." "බොහොම හොඳා" කියා රජතුමා එය ඇසීමට රාජ පිරිසත් කැඳවා ගත්තා. පිරිස මැදට ගිය දරුවා "එහෙනම් දේවයන් වහන්ස, පළමු කොට දේවයෝ තමුන්නේ ගීය ගයන සේක්වා! පිළිතුරු ගීය මං ගයන්නම්." එතකොට රජතුමා තම ගීය කීවා.

01. මනුලොව මිනිසුන් නිබඳව කරනා
සියලු කර්මවල විපාක ඇති බව දැනුනා
පින් පව් ලෙස යම් දෙයක් ද කරනා
ඒවා හිස් කර්ම නම් නොවේ විපාක නොදෙනා

බවුන් වඩා සුළු කලකට වනගත වෙමිනා
තමන් කළ පින හොඳින් විපාක දුන්නා
මහනුභාව ඇති සම්භූත දැන් එය දකිනවා

02. මනුලොව මිනිසුන් නිබඳව කරනා
සියලු කර්මවල විපාක ඇති බව දැනුනා
පින් පව් ලෙස යම් දෙයක් ද කරනා
ඒවා හිස් කර්ම නම් නොවේ විපාක නොදෙනා
මට පින පලදුන් විලසින්, මා සොයුරු චිත්තටත්
කෙසේ විපාක දුන්නා දෝ මට නිතර සිතෙනවා
එය කෙසේද මං දැනගන්නේ?

එතකොට දරුවා තමා ඉගෙන ගෙන ආ පිළිතුරු ගීය
කීවා.

03. මනුලොව මිනිසුන් නිබඳව කරනා
සියලු කර්මවල විපාක ඇති බව දැනුනා
පින් පව් ලෙස යම් දෙයක් ද කරනා
ඒවා හිස් කර්ම නම් නොවේ විපාක නොදෙනා
රජුනි, එසේ නම් ඔබ චිත්ත ගැන දන්නවා
ඔබට සේ ම ඔහුටත් ඒ පින හොඳින් පලදුන්නා

එතකොට රජතුමා දරුවා අමතා මේ ගාථාව කීවා.

04. චිත්ත කියන්නේ තමාට යැයි කියා
කවුරුන් හෝ තොපට කීවා ද පුතේ?
නැතිනම් වෙන කවුරුවත් කීවු දෙය අසා සිටියාදෝ?
ගීය නම් හරියට ම කීවා, ඒ ගැන සැකයක් නැතේ
දරුව මං තොපට සියක් ගම්වර පුදමි

එතකොට දරුවා යළිත් මේ ගාථාව කීවා.

05. චිත්ත කියන්නේ තමාට යැයි කියා
මට නම් කිසිවෙක් කීවේ නැති බව ඇත්තක් ම යි
හරි ලස්සන තවුසෙක් රජ්ජුයනේ ඉන්නවා
මට මේ ගී කියලා දුන්නේ එයා තමයි
රජු ළඟට ගොහින් මේ ගීය කියන්ට කීවා
සතුටු වී රජු මට තෑගි දේවි යි කීවා

"අනේ දේවයන් වහන්ස, ඉතා කරුණාවන්ත තාපසයින් වහන්සේ කෙනෙක් රජ්ජුයනේ ඉන්නවා. එයැයි තමයි මට මේ වග කීවේ." 'හ්ම්... එහෙමනම් ඒ මගේ පෙර ආත්මයේ සොයුරු චිත්ත විය යුතු ම යි. දැන් ම ගොහින් බලන්ට ඕනෑ' යි රාජපුරුෂයන් අමතා මේ ගාථාවන් කීවා.

06. මනහර ලෙස සැරසූ, සොඳුරු ලෙස නිමවූ
රාජරථයන් ගමනට, හොඳින් පිළියෙල කරත්වා!
ඇතුන්ගේ සැරසිලි බැඳ, ගෙල පළඳනා සරසව

07. මිහිඟු බෙර හා සක්නද, තුරුගොස හොඳින් නංවා
ඉක්මනින් යා හැකි, රියපෙළ එහි යොදත්වා!
යම් තැනක ඒ මහසෑමි, හොඳින් දැකගත හැකි නම්
ඒ රමා උයනට, යන්ට ඕනෑ ය අද මට

මෙසේ රජතුමා රියට නැග ඉක්මනින් ම ගොස්, උයන් දොරටුවේදී රියෙන් බැස, චිත්ත පණ්ඩිතයන් කරා ගොස් වන්දනා කොට එකත්පස්ව හිඳගත්තා. ප්‍රීතියට පත් සිතින් මේ ගාථාව පැවසුවා.

08. ඒකාන්තයෙන් මාහට, ඉතා යහපත් ලැබීමකි
මා විසින් රසැයූ ගී, කීවා යසට මහපිරිස් මැද

සොඳුරු සිල්ගුණ ඇති, පින්වත් සෑමිවරයෙකු දැක
ඒ මම ප්‍රීතියෙන්, මහත් සතුටට පත්වෙමි

රජතුමා තමන්ගේ පෙර ආත්මයේ සොයුරු චිත්ත
පණ්ඩිත දුටු වේලේ පටන් මහත් සතුටින් කල් ගෙව්වා.
'මගේ සොයුරාණන්ට මේ පලඟ සකසන්ට' ආදිය අණ
කරමින් මේ ගාථාව පැවසුවා.

09. පින්වතාණෙනි මේ අසුනත්,
    පා දෝනා පැනුත් පිළිගත මැන
    නුඹවහන්සේ අපහට, ආගන්තුකයෙකි උතුම්
    අපගේ ආගන්තුක සත්කාරයන්,
    හොඳින් පිළිගත මැන

මෙසේ මියුරු පිළිසඳර බස් දොඩන අතර තම
රාජ්‍යයෙන් අඩක් ඛබඳා චිත්ත පණ්ඩිතයාට දෙමින්
නැවත මේ ගාථාව පැවසුවා.

10. නුඹවහන්සේ හට, රම්‍ය වූ පහයක් කරත්වා!
    පියකරු ලඳුන් හා, උතුම් පිරිවර සදා දෙත්වා!
    මේ සියලු දෑ කෙරුමට, අපට අවසර දුන මැන
    අපි දෙදෙනාම රජසැපෙහි, ඉසුරුමත් ලෙස වසනෙමු

එය අසා චිත්ත පණ්ඩිත, රජුට දහම් අවවාද දෙමින්
මේ ගාථාව පැවසුවා.

11. මහරජුනි, මම අකුසල් විපාකත් දැනගත්තෙමි
    එලෙස ම රැස්කළ පිනේ විපාකත් දැනගත්තෙමි
    පින් පව් හොඳින් වටහා, සංවරය ඇතිකර ගත්තෙමි
    දූ දරු ගව මහිෂ ධනය, මා පතන දේ නම් නොවේ

12. දිවි ගෙවන සිය වසර, බෙදුවිට දස කොටසට
    මන්ද දශකය, ක්‍රීඩා දශකය,
    වර්ණ දශකය, බල දශකය
    ප්‍රඥා දශකය, පිරිහෙන දශකය, ලෙඩවෙන දශකය
    වකුටු වෙන දශකය, මුළාවන දශකය
    ඇදට වෙන දශකය වශයෙනි
    මේ දශකයන්ගේ සීමාවටත් නොපැමිණ
    සිදුණු බටගස් මැලවෙන සේ, බොහෝ අය මැරී යති

13. නැසෙනා දිවිය එලෙසින් දුටු අයෙකුහට
    පස්කම් සැප කුමට, කෙළි සෙල්ලම් කුමට?
    ධනය රැස්කෙරුම කුමට, අඹුදරුවන් කුමට?
    මහරජ මේ බැඳීමෙන්, මා සිත නිදහස් වී ඇත

14. හොඳින් තේරුම් ගතිමි මම, නිසි කලට මරු එන බව
    මරණයට යටවෙන විට, කම්සුවේ ඇල්ම කුමට මට?
    ධනය සෙවුමේ පලය කිම මට?

15. දෙපා ඇති මිනිසුන්, උපදින යම් කුල ඇත්නම්
    සැඩොල් කුලය යනු, එහි අධම වූ නීච කුලය යි
    පෙර සසරේ කළ පවකට, විපාකය විදගන්නට
    අපි දෙදෙනා ද ඒ, සැඩොල් මව්කුස ඉපිද සිටියෙමු

16. අවන්ති රටේ අපි, උපන්නෙමු සැඩොල් කුලයේ
    එයින් චුත වුණ අපි,
    නේරංජරා ගංතෙර මුවන් වී උපන්නා
    එයින් චුත වී නර්මදා ගංතෙර,
    උකුසු යෝනියේ උපන්නා
    මං අද බමුණු කුලයේ, තොප සිටී රජකුලයේ

මෙසේ අතීතයේ උපන් නීච කුලය ගැන පවසා 'මේ උපතෙත් වැඩි කලක් ජීවත් වෙන්ට නෑ. එනිසා පින් ම යි රැස්කරගන්ට ඕනෑ' කියා මේ ගාථාවන් පැවසුවා.

17. ජීවිතේ ගෙවී යයි, කෙමෙන් මරණය වෙත
    උපන් සතුනගෙ ආයුෂ, තිබෙන්නේ ටික කලට ය
    මහලු ව මරණයට පිය නගනවිට,
    කවුරුත් නෑනෙ පිහිටට
    පංචාල රජුනි, මගේ වචනය කළ මැන
    දුක් වැදෙන කිසි පවක් නොකරව

18. ජීවිතේ ගෙවී යයි, කෙමෙන් මරණය වෙත
    උපන් සතුනගෙ ආයුෂ, තිබෙන්නේ ටික කලට ය
    මහලු ව මරණයට පිය නගනවිට,
    කවුරුත් නෑනෙ පිහිටට
    පංචාල රජුනි, මගේ වචනය කළ මැන
    දුක් විපාක දෙන පව් නොකරව

19. ජීවිතේ ගෙවී යයි, කෙමෙන් මරණය වෙත
    උපන් සතුනගෙ ආයුෂ, තිබෙන්නේ ටික කලට ය
    මහලු ව මරණයට පිය නගනවිට,
    කවුරුත් නෑනෙ පිහිටට
    පංචාල රජුනි, මගේ වචනය කළ මැන
    කෙලෙස් දුවිලි නැගෙන පව් නොකරව

20. ජීවිතේ ගෙවී යයි, කෙමෙන් මරණය වෙත
    උපන් සතුනගෙ ආයුෂ, තිබෙන්නේ ටික කලට ය
    මහලු ව මරණයට පිය නගනවිට,
    කවුරුත් නෑනෙ පිහිටට
    පංචාල රජුනි, මගේ වචනය කළ මැන

නිරයේ උපත සලසන පව් නොකරව

බෝසතුන්ගේ ඔවදන් අසා ප්‍රබෝධයට පත් රජතුමා මේ ගාථාවන් පැවසුවා.

21. නුඹවහන්සේ කියූ දෙය, ඒකාන්තයෙන් සැබෑ වදනකි
    ඉසිවරයන් කියූ ලෙසටම, මට බොහෝ කම්සුව ඇත
    පින්වත් ශ්‍රමණය, මා වැනි රජෙකුට
    එය අත්හැරීම ඉතා දුෂ්කර ය

22. මඩ වගුරක එරී ගිය, මහ ඇත්රජෙක්
    ගොඩබිම දැක දැකත්, ගොඩවෙන්ට බැරි ම ය
    මාත් දැන් කාම මඩගොහොරුවේ, යටට ම එරී ඇත
    පින්වත් ශ්‍රමණය එනිසා, ඔබේ බණපද අසා
    ඔබ අනුව පැවිදි වෙන්ට, අනේ මට නම් නොහැකිය

23. කෙසේ නම් මා පුතු, සැපයක් ලබාවිදැයි
    සිතනා මවක් පුතෙකුට, දෙන ලෙසින් යහ ඔවදන්
    ස්වාමීනී මා හට, උතුම් ලෙස මේ දිවි ගෙවා
    මරණින් මතු ද සැපයක්, ලබාගත හැකි නම් යළින්
    එබඳු දහමක් මට කියාදෙනු මැන

එතකොට මහ බෝධිසත්වයෝ රජුට මෙසේ අනුශාසනා කළා.

24. ඉදින් මහරජුනි තොප,
    මෙහි සැප අත්හළ නොහැකි නම්
    මිනිසුන්ගෙන් බදු අය කරනවිට,
    දැහැමි ලෙස එය කරව
    තොප රටේ කිසිවිට, අදැහැමි කටයුතු නොකෙරේවා!

25. සිව් දිශාවේ වැසි, සිල්වත් මහණ බමුණන් වෙත
    දූතයෝ යවත්වා, ඒ පැවිදි උතුමන් හට
    ආහාර පාන ගිලන්පස, වස්ත්‍ර සෙනසුන් දෙත්වා!

26. පැහැදුණු සිතින් යුතු වී, ආහාර පානයන්ගෙන්
    මහණ බමුණන් හට, නිසි පුද පවත්වා
    තමාට හැකි පරිදි දන් පුදා, තමාත් අනුභව කොට
    නින්දා ලබන්නෙකු නොවී, දෙව්ලොව උපදිනු මැන

27. ඉදින් තොප මහරජ, බිසෝවරුන් පිරිවරාගෙන
    රජ්ජිසුරින් මත් ව සිටිවිට, උදඟු සිත් ඇති වේ නම්
    මා කියා දෙන මේ ගීය, එවිට මෙනෙහි කළ මැන
    පිරිස් මැද මෙය නොබියව පවසව

28. පෙර අත්බවක නීච සැඩොල් කුලයේ ඉපිද
    තණ සෙවිලි කළ පැලක්වත් නැතිව
    ර එළිමහනේ නිදාගත්තෙමි
    එකල අපෙ අම්මා කැලෑවට දරට යනවිට
    බලු පැටවුන් මැද මා නිදි කරවා යනවා
    අවදි ව කුසගින්නේ මා හඬනා විට
    බැල්ලක් ඇවිත් මට කිරි පොවනවා
    ඒ මමයි මේ අත්බවේ රජපවුලක ඉපිද
    රජෙකු වී සුවසේ සිටින්නේ

      මෙසේ ඔවදන් දුන් තවුසා "මං දැන් තොපට උවමනා
කරුණු කාරණා කීවා. තොප පැවිදි වුවත් එකයි, නැතත්
එකයි. තමන් කළ හොඳ නරක දෙකේ විපාක තමන්ට
ම අත්විඳින්ට සිදුවෙනවා." යි කියා අහසට පැන නැගී
රජුගේ හිසට ඉහළින් පාදුලි හෙළමින් හිමවතට ගියා.

එය දුටු රජතුමා මහත් සංවේගයට පත්වුණා. ඒ මොහොතේ ම සිය වැඩිමල් පුතු කැදවා රාජ්‍යය පැවරුවා. තමාත් හිමවත් පෙදෙසට ම මුහුණලා පිටත් වුණා. පෙර ආත්මයේ තම සොයුරා එනු දුටු බෝධිසත්වයෝ ඍෂි සමූහය පිරිවරාගෙන පෙරගමන් ආවා. ඔහුත් රැගෙන හිමවතට ගොස් පැවිදි කරවා කසිණ භාවනාව ඉගැන්නුවා. ඒ නවක තවුසා ධ්‍යාන අභිඥා උපදවා ගත්තා. දෙන්නා ම මරණින් මතු බඹලොව උපන්නා.

මෙය වදාළ භාග්‍යවතුන් වහන්සේ "මහණෙනි, පෙර සිටි නුවණැත්තෝ ආත්මභාව තුන හතරක් ගත වී ත් දැඩි විශ්වාසයෙන් වාසය කොට තියෙනවා. මහණෙනි, ඒ කාලයේ සම්භූත පණ්ඩිත ව සිටියේ අපගේ ආනන්දයෝ. චිත්ත පණ්ඩිත ව සිටියේ මා ය" කියා මේ චිත්ත සම්භූත ජාතකය නිමවා වදාළා.

03. සිවි ජාතකය

ඇස් දන් දුන් බෝසත්
සිවි මහරජුගේ කතාව

පින්වතුනේ, පින්වත් දරුවනේ,

බුදුබව පතා පාරමී ධර්මයන් පුරමින් සසරේ ගතකළ අප මහා බෝධිසත්වයන්ගේ ජීවිතය ඉතා පුදුම සහගත ය. මේ කතාවෙන් කියවෙන්නෙත් එය යි.

ඒ දිනවල අපගේ භාග්‍යවතුන් වහන්සේ වැඩවාසය කොට වදාළේ සැවැත් නුවර ජේතවනයේ. කොසොල් මහරජු විසින් අසදෘශ මහාදානය නමින්, වෙනත් කිසිදු දායකයෙකුගේ දානයකට සමාන නොවන මහා දානයක් ඒ කාලයේ පූජා කරගත්තා.

එදා දානයෙන් පසු භාග්‍යවතුන් වහන්සේ දානය පිළිබඳ කිසිදු භුක්තානුමෝදනා ධර්මයක් නොවදාරා ජේතවනයට වැඩම කළ නිසා කොසොල් රජ ඒ ගැන සිතන්ට පටන් ගත්තා. රජුට සිතුණේ තමා අතින් කිසියම් වරදක් වෙන්ට ඇත කියා ය. හීල බොජුන් අනුභව කළ කෝසල නිරිඳා භාග්‍යවතුන් වහන්සේ වෙත ගොස් ආදරයෙන් වන්දනා කොට එකත්පස්ව හිඳ මෙය ඇසුවා.

"ස්වාමීනී, භාග්‍යවතුන් වහන්ස, ඊයේ දානයෙන් පසු හුක්තානුමෝදනාවක් වදාළේ නැත්තේ මයේ අතින් කිසියම් වරදක් වුණා ද කියා නිතරම කල්පනා වුණා. අනේ ස්වාමීනී, එසේ කිසියම් වරදක් වුවා නම් වදාරණ සේක්වා!"

"නැත මහරජ, තොප අතින් කිසි වරදක් වුයේ නෑ. නමුත් හුක්තානුමෝදනා බණ නොකීමට හේතුවක් තිබුණා. එතන උන් පිරිස අතර දානය ගැන සිත අපහදවා ගත් පිරිසක් සිටියා. මා බණ කීවා නම් එය ඔවුන්ට දරා ගන්ට බැරි වෙනවා." යි පවසා මේ ගාථා වදාළා.

දන් දීම නොකරන අනුවණ මසුරු අය
පරලොව ගියවිට දෙව්ලොව නොයත් කිසිදා
අනුවණ බාලයෝ හැමවිට නොපසසත් ය දානයට
දානයට පසසන නුවණින් යුතු සත්පුරුෂයෝ
අනුන් දෙන දානය වුවත් දැක අසා සතුටු වෙති
එබඳු අය පරලොවදී ද සැපයට පත්වෙති

යනුවෙන් මේ දහම්පදය වදාළා. කෝසල නිරිඳාගේ සිත තව තවත් පැහැදුණා. කහවණු ලක්ෂයක් අගනා සීවෙය්‍යක වස්ත්‍රයෙන් කළ සිවුරක් භාග්‍යවතුන් වහන්සේට පිදුවා. පසුවදා දම්සභා මණ්ඩපයේ රැස්වූ සංසයා අතර මේ ගැන කතාබහ වුණා. "ඇවැත්නි, කෝසල නිරිඳා අසදෘශ මහාදානයක් දී, එයිනුත් සෑහීමකට පත්නොවී, ලක්ෂයක් වටිනා සිවුරකුත් භාග්‍යවතුන් වහන්සේට පූජා කරගත්තා නොවැ."

ඒ අවස්ථාවේදී භාග්‍යවතුන් වහන්සේ එතැනට වැඩම කොට වදාළා. භික්ෂූන් වහන්සේලා කතා කරමින් සිටි

කරුණ භාග්‍යවතුන් වහන්සේට සැලකළා. භාග්‍යවතුන් වහන්සේ මෙය වදාළා. "මහණෙනි, ආහාරපාන, වස්ත්‍ර, කුටි සෙනසුන් ආදි බාහිර දෙයක් දන්දීම ඒ තරම් අමාරු දෙයක් නොවේ. නමුත් පුරාණ කාලයේ සිටි නුවණැත්තෝ මුළු දඹදිව ම ගොයිතැන් නවතා, දිනපතා කහවණු සය ලක්ෂය බැගින් වියදම් කොට මහාදන් දුන්නා. ඒ බාහිර දානයෙනුත් සෑහීමට පත් නොවී 'ප්‍රිය වූ දේ දීමෙන් ප්‍රිය වූ දේ ලැබේ ය' යන කරුණ අසා තමාට ඉතා ප්‍රිය වූ ඇස් දන් දෙන්ට සිතුවා. අන්ධ යාවකයෙක් ඇස් ඉල්ලා ආ විට සිය ඇස් උපුටා දන් දී තියෙනවා." යි මේ අතීත කතාව ගෙනහැර දක්වා වදාළා.

යටගිය ඈත අතීතයේ සිවි රට අරිට්ඨ නගරයේ සිවි මහරජ නමින් රජෙක් රාජ්‍ය කරමින් සිටියා. එකල මහා බෝධිසත්ත්වයෝ ඔහුට පුත්‍ර ව උපන්නා. පුත් කුමරාටත් ලැබුණේ සිවි කුමරු යන නම යි. වියපත් වූ කුමරා තක්ෂිලා ගොස් සිප් සතර හදාරා අවුත් ශිල්ප දැක්වූ විට යුවරාජ පදවිය ලැබුණා. පියරජු ඇවෑමෙන් පසු සිවි මහරජ බවට පත්වුණා. සතර අගතියන් තොරව, දසරාජ ධර්මයෙන් වෙන් නොවී, දැහැමෙන් රජ කරද්දී සිවි රටේ අරිට්ඨ නුවර ප්‍රධාන දොරටු සතරේත්, නගරයේ මැදත්, රජමිදුලේත් දන්සැල් සයක් කරවා සයලක්ෂය බැගින් වියදම් කොට මහදන් පැවැත්වුවා. එසේ ම සතර පෝයට සියලු දන්සැල්වලට ගොස් දන් දීම හරියට කෙරේදැයි පරීක්ෂාත් කළා.

එක්තරා පුන් පොහෝ දිනක සුදු සේසත යට, රාජාසනයේ වැඩහුන් සිවිරජ මෙතෙක් කල් තමා දෙන දානය ගැන පුණ්‍යාවර්ජනයේ යෙදුණා. 'මං බාහිර වස්තු

අතර නොදුන් දෙයක් නැති තරම්. නමුත් එපමණකින් මගේ සිතට සතුටක් නෑ. කවුරු හෝ යදියෙක් ඇවිත් බාහිර දෙයක් මගෙන් නොඉල්ලා සිරුරේ කිසියම් අවයවයක් ඉල්ලන්නේ නම්, කෙතරම් හොඳ ද!

ඉදින් යමෙක් මයෙ හදවත ඉල්ලුවොත්, ආයුධයකින් ළයට පහර දී පැහැදිලි දියේ පිපි නෙලුම් කැකුළක් නටුවෙන් ම උදුරා ගන්නා සෙයින් ලේ වැගිරෙද්දී එය දෙන්ට වුණත් මං කැමතියි. ඉදින් කවුරු හෝ මයෙ සිරුරේ මස් ඉල්ලුවොත්, මස් හුරන සැතකින් කපා මස් එක්කොට දෙන්ට වුණත් කැමතියි. ඉදින් මයෙ රුධිරය ඉල්ලුවොත් සිරුර යන්ත්‍රයකට දමා වැගිරෙන ලේ බඳුනකට පුරවා දෙන්ට වුණත් කැමතියි. ඉදින් කවුරු හෝ ඇවිත් 'අපේ ගෙදර වැඩට කවුරුත් නෑ. වර යන්ට. මයෙ දාසයෙක් වෙයං' කීවොත් රජවෙස් අත්හැර දාසයෙකු වී වැඩ කරන්ටත් කැමතියි. ඉදින් කවුරු හෝ ඇස් ඉල්ලුවොතින්, තල් ලොද ගලවන සෙයින් මයෙ ඇස් දෙක උපුටා දන් දෙන්ට වුණත් මං කැමතියි.'

මෙසේ සිතූ රජතුමා මේ ගාථාව කීවා.

01. මිනිසුන්ට අයත් යම් බාහිර වස්තු ඇත්නම්
    ඒවා අතර නොදුන් දෙයක් නම් නැති තරම
    ඉදින් යමෙක් ඇවිත් මා දෙනුවන් ඉල්ලයි නම්
    කැළඹීමක් නැති සිතින් දෙන්ට පුළුවනි මේ නුවන්

මෙසේ කියා සුවඳ පැන් කළ දහසයකින් ස්නානය කොට, සියලු අලංකාරයෙන් සැරසී, නොයෙක් මියුරු බොජුන් වළඳා, අලංකාර හස්තිරාජයා පිට නැගී දන්සැල් බලන්ට ගියා.

සිවි මහරජුගේ සිතේ උපන් කල්පනාව දැනගත් සක්දෙවිඳු 'අද මේ නිරිඳුන් වෙත එන යාචකයෙකුට ඇස් උපුටා දන් දේවි. හරි... මෙයැයි සැබෑ ලෙස ම ඇස් උපුටා දන් දෙන්ට සමතෙක් ද? බොරුවට සිතූ සිතිවිල්ලක් දැයි විමසා බලන්ට ඕනෑ.' යි සිතා මහලු අන්ධ බ්‍රාහ්මණයෙකුගේ වෙස් ගත්තා. දන්සැල් බලන්ට යන රජතුමාට පෙනෙන පරිදි උස්බිමක සිට "ජය වේවා මහරජ, තොපට ජය ශ්‍රී!" කියමින් කෑගහන්ට පටන් ගත්තා.

සිවිරජ ඔහු දෙස බැලුවා. ඔහු වෙත ඇතා යොමුකොට ළං වී "ඇයි බ්‍රාහ්මණය, තොපට මොනාද මගෙන් ලැබෙන්ට ඕනෑ?"

"අනේ දේවයන් වහන්ස, තොප තුළ පවත්නා දන් දීමේ කැමැත්ත පිළිබඳ මහා කීර්තිරාවයක් සකල ලෝක සන්නිවාසයේ ම පැතිරී ගොස් තියේ නොවැ. අනේ බලන්ට. මයෙ මේ දෑස ම අන්ධයි. කිසිවක් ම නොපෙනේ. ඉදින් මං ආවේ තමුන්නාන්සේගෙන් එක් ඇසක් මට දෙන්ට කියා ඉල්ලාගන්ටයි." යි කියා මේ ගාථාව පැවසුවා.

02. ඉතා දුර ඈතකයි මං වසන්නේ
    දෑස් අන්ධයි මුකුත් නෑ නොවැ පේන්නේ
    ඇසක් ඉල්ලන්ට ම යි මං ඇවිත් සිටින්නේ
    අනේ මට එක් ඇසක් දී වදාරන්නේ
    එවිට දෙන්නාට ම එක ඇස බැගින් තියෙන්නේ
    සම ලෙස ම දෙන්නාට ලොව දැකිය හැකි වන්නේ

එය අසා සිවි මහරජ සිතන්ට පටන් ගත්තා. 'මේක මහ පුදුමයක් නොවැ. මං අද උදෑසන ප්‍රාසාදයේ සිටියදී

මේ ගැන නොවැ සිත සිතා උන්නේ. හෝ... මට හරිම
ලාභයක් නොවැ. මා සිතු දේ අද ම මුදුන්පත් වෙන්ටයි
යන්නේ. මේ ආත්මයේ මෙවැනි දානයක් මට දෙන්ට
බැරිවුණා. දැන් එයටත් අවස්ථාවක් උදාවුණා.” යි සතුටින්
මේ ගාථාව පැවසුවා.

03. යදිය, තොපට මගෙන් ඇසක් ඉල්ලන්ට කියා
    කවුරුවත් තට දුන්නා ද උපදෙසක්?
    ජීවිතය තුළ ඇති උතුම් අංගයකි ඇස
    මිනිසෙකු විසින් එය දන් දෙන්ට පහසු නැත
    එබඳු ඇසකි තොප ඉල්ලා මෙහි ආවේ

එවිට යදියා මේ ගාථාවන්ගෙන් පිළිතුරු දුන්නා.

04. දෙවියන් අතරේ සුජම්පතී කියා රජෙක් ඇතේ
    මසවා යයි කියති ඔහුට මේ මිනිස් ලොවේ
    ඔහු කීව නිසා අද මං තොප වෙත ආවේ මෙහේ
    යදියෙකි මං, තොප ඇසෙන් මට පිහිටක් ඇතේ

05. ඉල්ලන දේ අතර මේ ඉල්ලීම හරි උතුම්
    දෙනු මැන තොපගේ ඇසක්, එය මට ඉතා උතුම්
    මිනිසාට සිය ඇස් දන් දෙන්ට නම් බැරි තරම්
    මා හට දෙනු මැන තොපේ එක් ඇසක් උතුම්

සිවි මහරජ :-

06. තොප මෙහි ආවේ යමක් පතාගෙන ඉල්ලා
    ඒ පැතු ඉල්ලීම තොපට හොඳින් ඉටු වේවා!
    බමුණ, තොපහට මගෙන් ඇස් ලැබේ ම ය

07. එක් ඇසකි මගෙන් ඉල්ලා තොප මෙහි ආවේ
    මේ දෑස ම දන් දෙන්ට දැන් මට රිසි වේ

මා දන් දෙන දෑසින් තට ලොව බලන්ට හැකි වේ
තොප ආසා කළේ යමකට නම් එය ම ඉටු වේවා!

සිවි මහරජ මෙසේ කතාකොට 'මං මෙතැනදී ම
ඇස් උපුටා දන් දුන්නොත් එය හරි නැතැ'යි සිතා අන්ධ
බ්‍රාහ්මණයා කැඳවාගෙන ඇතුළුනුවරට ගියා. රාජාසනයේ
අසුන්ගත් රජතුමා සීවක නමැති වෛද්‍යවරයා කැඳෙව්වා.
"පින්වත, මාගේ දෑස මනාව පිරිසිදු කරව." එතකොට
'අපගේ රජ්ජුරුවන් වහන්සේ සිය ඇස් උපුටා අන්ධ
බ්‍රාහ්මණයෙකුට දන් දෙන්ට යනවා' යි සිවිරට අරිටිය
නගරය ම මහත් සේ කැළඹී ගියා. එය දැනගත් රාජවල්ලභ
සෙන්පතිවරු, නගරවැසියෝ, අන්තඃපුර ස්ත්‍රීන් ආදී
සියලු දෙනා රැස්වී බමුණා ඉදිරියේ රජුගේ ඇස් දන් දීම
වළක්වමින් මේ ගාථාවන් කීවා.

08. අයියෝ නිරිඳුනි, තොපගේ දෑස එපා දන් දෙන්ට
    දෑස ම දන් දී අනේ එපා අපව අත්හරින්ට
    අනේ රජුනි, ඕනෑතරම් ධනය මොහුට දෙන්ට
    වෙරොළි මුතු මැණික් ආදී හැමදේම දන් දෙන්ට

09. රජුනි, ආජානේය අසුන් යෙදූ රථත් දන් දෙන්ට
    රනබරණින් සරසන ලද ඇතුනුත් දන් දෙන්ට

10. මහරජුනි, තොපගේ සිවිරට වැසියෝ සැමදා
    තොප වටා සිටිති ඔවුන් සිය දිවි පුදා
    එනිසා රජුනි, තොපගේ දෑස් දන් දෙන්ට එපා!
    අන් සියලු දේ දෙනු මැනව සිත සනසා

සිවිරජ :-

11. යම් දානයක් මං ඒකාන්තයෙන් දෙනවා ම යි

කියා යමෙකුට පොරොන්දුවක් වී
ඔහු ඒ පොරොන්දුව ඉක්මනින් අමතක කරයි නම්
බිම වැටුණු මලපුඩුව රැගෙන ගෙල දමාගන්නා
අයෙකු ලෙසයි ඔහු ගැන කියන්ට මට ඇත්තේ

12. යම් දානයක් මං ඒකාන්තයෙන් දෙනවාමයි
කියා යමෙකුට පොරොන්දුවක් වී
ඒ දන් දීමේ සිත ඉක්මනින් අමතක කරයි නම්
පවිටන්ගෙනුත් පවිටෙකි ඔහු
ඔහු යනු ඇත්තේ යමරජුගේ අණ ඇති තැනටයි

13. යම් දානයක් ඉල්ලයි ද, දිය යුත්තේ ද එය ම ය
නොඉල්ලන දෙයක්, දුන්නාට පලක් වේ ද
බමුණා මගෙන් ඉල්ලයි ද යමක්, ඒ දේ ම දෙමි මම්

ඇමතිවරු :-

14. මහරජුනි, තොප ඇස් දන් දෙන්ට යන්නේ
ආයුෂ පතා ද, පැහැපත් රුවක් පතා ද?
සැපයක් පතා ද, නැතිනම් බලය පතා ද?
මෙයින් කුමක් පතා ද තොප ඇස් දන් දෙන්නේ?
එසේත් නැතිනම් පරලොව කිසියම් සැපයක්
පතාගෙන ද තොප ඇස් දන් දෙන්ට යන්නේ?

සිවිරජ :-

15. යස පිරිවර පතා නොවේ මා ඇස් දන් දෙන්නේ
පුත්රුවනක් පතා නොවේ,
ධනයක් රටක් පතා නොවේ
දන් දීම යනු පැරණි සිරිතකි ලෝවේ
සත්පුරුෂයන් විසින් පුරුදු කරනා දහමෙකි

එනිසා ය මා සිත දන් දීමෙහි ම ඇලුණේ

භාග්‍යවතුන් වහන්සේ එදා ඇස් දන් දුන් කරුණෙහි අර්ථය පහදා දෙමින් මෙය වදාළ සේක.

16.   මගේ දෑස මට එපා වූයේ ද නැත
මගේ දිවිය මට එපා වූයේ ද නැත
සම්බුදු නුවණ ම ඉතා ප්‍රිය වූයේය මට
එය පතාගෙන ම යි මා එදා ඇස් දන් දුන්නේ

සිවි මහරජුගේ පිළිතුර අසා ඇමතිවරු ඇතුළු සෙසු පිරිස, කරන්නේ කුමක්දැයි වටහා ගැනීමට නොහැකි ව සිටිනවිට සීවක නමැති රාජකීය වෛද්‍යවරයා අමතා රජතුමා මෙය කීවා.

17.   මිතුර සීවක, තොප මගේ සැබෑ මිතුරා වනු මැන
වෙදකමෙහි හොඳින් ලත් පුහුණුවක් ඇති තොප
මා කියන දෙය දැන් කළ මැනව
මා බලා සිටියදී සතුටින්,
යදියාගෙ අතෙහි තබව මේ දෑස

එතකොට සීවක වෛද්‍යවරයා මෙය කීවා. "දේවයන් වහන්ස, තමා ජීවත් ව ඉන්නැද්දී දෑස් උපුටා දන් දීම නම් මහා බරපතල දෙයක් නොවැ. තව ටිකක් සලකා බැලුව මැනව." "සීවකයෙනි, ටිකක් නොව මා හොඳින් සලකා බලා ය එය කීවේ. පමා නොවී මා කියූ දේ කරව. බොහෝ බස් නොදොඩා සිටුව."

එතකොට සීවක වෛද්‍යවරයා මෙය සිතුවා. 'වෛද්‍ය ශාස්ත්‍රයේ මනාව හික්මී සිටින මා වැන්නෙක් රජුගේ දෑස් මත ආයුධයක් පාවිච්චි කිරීම යුතු නෑ.' යි

සිතා නොයෙක් ඖෂධ වර්ග අඹරාගත් චූර්ණයකින් වඩනා ලද නිල් මහනෙල් මලක් දකුණු ඇසට ගෑල්ලුවා. එතකොට ඒ ඇස පෙරළී ගියා. මහත් වේදනාවක් හටගත්තා. "මහරජුනි, තව වතාවක් සලකා බැලුව මැන. ඇස ප්‍රකෘතිමත් කිරීම මට භාරයි." "නෑ දරුව, ඔවැනි අදහස් බැහැර කරව. වැඩිය කල් ගන්ට එපා." එතකොට ඔහු බොහෝ චූර්ණයෙන් වඩන ලද නිල් මහනෙල් මල නැවතත් ඇස මත ගෑල්ලුවා. එවිට නීල වර්ණයෙන් බැබළී ගිය මැණිකක් බඳු ඒ ඇස එළියට ආවා. කලින්තත් වඩා මහත් වේදනාවක් හටගත්තා.

"අනේ මහරජ, තව වතාවක් සලකා බැලුව මැනව. මට මේ ඇස තිබූ ලෙස ම ප්‍රකෘතිමත් කරන්ට පුළුවනි." "නෑ දරුව... කල් ගන්ට එපා!"

එතකොට සීවක වේද්‍යවරයා මහනෙල් මල වඩාත් බෙහෙතින් තවරා ඇසට දැම්මා. ඖෂධ බලයෙන් ඒ ඇස ඇස්වළෙන් පිටතට පෙරළී එළියට අවුත් නහරවැලින් එල්බී සිටියා. "අනේ දේවයනි, තවත් එක ම වතාවක් සලකාලුව මැනව. නැවතත් තිබූ පරිදි ම ඇස ප්‍රකෘතිමත් කිරීමට මා තුළ බලය තියෙනවා." "නෑ... ඕනෑන්නේ නෑ... මේ වැඩේ ඉක්මන් කරන්ට."

බලවත් වේදනා දෙමින් ගලා ගිය රුධිරයෙන් සිවිරජු පොරවා සිටි සළුව තෙමී ගියා. අන්තඃපුර ස්ත්‍රීනුත් ඇමතිවරුත් "අනේ දේවයන් වහන්ස, ඇස් දන් දෙන්ට එපා!" යි කියමින් රජු පාමුල වැද වැටී මහහඬින් වැලපුණා. වේදනා ඉවසූ සිවිරජ සීවක ඇමතුවා. "දරුව... මාගේ දෑස් දන්දීම තවත් ප්‍රමාද කරන්ට එපා!"

"එසේය දේවයන් වහන්ස" යි කියූ සීවක වෛද්‍යවරයා වම් අතින් ඇස ඔසොවාගෙන, දකුණතින් සැතක් ගෙන ඇස හා බැඳුණු නහරවැල් කපා, ඒ ඇස සිවි මහරජුගේ අත මත තැබුවා. රජ වම් ඇසින් දකුණු ඇස දෙස බැලුවා. වේදනාව ඉවසාගෙන අන්ධ බමුණා ඇමතුවා. "බ්‍රාහ්මණය, මෙහි එන්ට. මං මේ ඇසට වඩා දස දහස් ලක්ෂ කෝටි ගුණයෙන් කැමති සර්වඥතා ඥානය නමැති ඇසටයි. ඒ සර්වඥතා ඥානය ලැබීමට මෙය හේතු වේවා!" යි කියා බමුණාට ඇස දුන්නා.

අන්ධ බ්‍රාහ්මණයාත් ඇස අතට ගෙන සිය ඇස්වල මත තැබූ සැණින්, දේවානුභාවයෙන් ඒ ඇස විකසිත නිල් මහනෙල් මලක් මෙන් මනාකොට පිහිටියා. සිය වම් ඇසින් එය දුටු සිවි මහරජ 'අහෝ...! මා විසින් ඇස් දන් දීම ඉතා යහපත් දානයක් වුණා නොවැ!' යි හදෙහි ඉපිලගිය සතුට සියොලඟ පුරා පැතිර ගොස් ප්‍රීති වේගයෙන් යුතුව වම් ඇසත් උපුටා දන් දුන්නා. යදියෙකුගේ වේශයෙන් ඇස් ලබාගත් සක්දෙවිඳු ඒ දෑස් ද තම දෑස මත තබා රාජ නිවෙස්නෙන් නික්ම දෙව්ලොව ගියා.

18. සිවි මහරජුගෙ වචනයට කීකරු ව

සීවක වෙදැදුරු ඉටු කළා එය සොඳට
බමුණාට දුන්නා සිවි රජ දෑස් උපුටා
ඇස් ලද බමුණා හොඳින් පෙනුම ලැබගත්තා
අන්ධ වූ රජතුමා අසුනේ හිඳගත්තා

නොබෝ වේලාවකින් රජුගේ ඇස් තිබූ තැන මස් වැඩුණා. ඇස් උපුටා දුන් වළ බෝලයක් සේ නැඟුණු මසින් පිරී ගොස් කලාකරුවෙකු විසින් කළ විස්මිත

නිර්මාණයක් සේ ඉතා සුන්දර වූ ඇස් සටහන් දිස්වුණා. වේදනාව සංසිඳී ගියා. නමුත් ඇස් පෙනීමක් ඇතිවුණේ නෑ.

රජතුමා දින කිහිපයක් මාලිගයේ වාසය කොට 'දෑස් නොපෙනෙන අන්ධයෙකුට රජකමකින් ඇති එලය කිම? ඇමතිවරුන්ට රාජ්‍යය පවරා දී උයනට ගොසින් මහණදම් පුරන්ට ඕනෑ' යි සිතා ඇමතිවරුන් කැඳවා සිය අදහස පැවසුවා. "දරුවෙනි, මට මුව දෝනා පැන් දීම් ආදියට එක් කැපකරුවෙකු හොඳටෝම ඇති. වැසිකිළි කැසිකිළි යන තැනට මා හිඳින තැන සිට ළණුවක් ගැට ගසා ගත්තා ම ඇති." යි කියා රියදුරු අමතා රටය සකස් කරන්ට කීවා. එතකොට ඇමතිවරු රජුට රටයෙන් යන්ට නොදී රන්සිවිගෙයකින් උයනට ඔසොවාගෙන ගොස් පොකුණ අසල හිදුවා රැකවල් සලසා දුන්නා.

රජතුමා අසුනේ හිඳ තමා දුන් දානය ගැන මෙනෙහි කරමින් සතුටු වුණා. එසැණින් සක්දෙවිඳුගේ අසුන උණු වුණා. 'හරි... මං සිවි රජුට වරයක්ත් දී, දෑසත් පෙනෙන්ට සලස්වා එන්ට ඕනෑ' යි සිතා රජු ඉදිරියේ පෙනී සිට ඔබ මොබ සක්මන් කරන්ට පටන් ගත්තා.

19. සිවිරට වැස්සන්ගේ දියුණුව සැදූ සිවිරජ
    සිය ඇස් මස ලියලා තුවාලය සුව වූ විට
    රියදුරු ඇමතීය යන්ට කැමති ව උයනට

20. රියදුර, මට යන්ට උයනට, රටය සකසව
    සකසා ඒ රටය, එය මට දැනුම් දෙව
    පොකුණු ඇති, ගහ කොළ ඇති
    වන උයනට යන්ට මට දැන් ඕනෑ

21. උයනට ගිය රජ පොකුණු තෙර අසුනේ හිඳ
    සිත සිතා සිටියා සතුටින් තමා දුන් දානය ගැන
    සුජම්පතී සක්දෙව්රජ රජු ඉදිරියේ පහළ විය

කවුදෝ කෙනෙක් තමා ඉදිරියේ ඔබමොබ සක්මන් කරන පියවර හඬ සිවිරජුට ඇසී "කවුද ඔය?" කියා ඇසුවා.

22. රාජ ඉසිවරය, මම ය ලොව සක්දෙව්දු
    තොප දකින්නට ආවෙමි, ඉල්ලව මගෙන් වරයක්
    යමකට කැමති නම් තොප, කිව මැනව එය මට

23. අනේ සක්දෙවිඳුනි, මට බොහෝ ධනය ඇත
    අටුකොටුවල මගේ, වස්තුව ද පුරවා ඇත
    එත් මා දැන් දෑස් නොපෙනෙන අන්ධයෙක් වෙමි
    එනිසා මගේ මරණය මම ඉතා කැමති වෙමි

එතකොට සක්දෙවිඳු රජුගෙන් පෙරලා ප්‍රශ්න කළා. "සිවිමහරජුනි, ඇයි තොප මරණයට කැමති? තොප එසේ මරණයට කැමති ව සිටින්නේ දෑස් අන්ධ නිසා නොවේ ද?" "එසේය දේවයෙනි." "මහරජුනි, දානය යනු පරලොව දී පමණක් විපාක දෙන දෙයක් නොවේ. එහි විපාක මෙලොවත් ලැබේ. තොපගෙන් යදියා ඉල්ලුවේ එක් ඇසකි. එහෙත් තොප සිය දෑස ම ඔහුට දන් දුන්නා. එනිසා ඒ ගැන සත්‍යක්‍රියා කරව." යි කියා මේ ගාථාව කීවා.

24. නරාධිපති රජුනි, යමක් සත්‍යය ද, එය ම කිව මැන
    සත්‍ය වචනය පවසනවිට, නැවත ඇස් ලැබෙනු ඇත

එතකොට සිවිමහරජ මෙය කීවා. "අනේ සක්දෙවිඳ, මට තිබුණේ ඇස් දන් දීමේ කැමැත්ත විතරයි. වෙනත්

උපායක් නම් කරන්ට එපා! මා දුන් දානයේ විපාක වශයෙන් පමණක් ඇස් පහළ වේවා!"

"එසේය මහරජ, එය එසේ ම ය. සක්දෙවිදු වූ නමුත් අනුන්ට ඇස් පහළ කරවන්ට මට ද පුළුවන්කමෙක් නැත. ඇස් පහළ වෙතොත් පහළ වෙන්නේ නුඹවහන්සේ විසින් ම දෙන ලද දානයේ එලයක් ලෙස පමණි."

"එසේය සක්දෙවිඳුනි, මා විසින් ඉතා සතුටින් මනාකොට මේ දෑස දන් දුන්නා නොවැ." යි කියා රජතුමා සත්‍යක්‍රියා කළා.

25. නොයෙක් කුලවල යදියෝ මා ළඟට ඉල්ලා එති
    යමෙක් මාගෙන් යමක් ඉල්ලයි නම්,
    ඔහුත් මට ඉතා ප්‍රිය වේ
    මේ සත්‍ය වචනයෙන් මට ඇසක් උපදීවා!

මෙය කියා අවසන් වීමත් සමග සිවිරජුගේ දකුණු ඇස පහළ වී ඉතා හොඳින් පෙනී ගියා. ඉන් පසු දෙවැනි ඇස පිණිස ද සත්‍යක්‍රියා කළා.

26. බමුණෙක් මවෙත අවුත්,
    රජුනි තොපගේ ඇසක් දෙව් කියා
    ඉල්ලා සිටියා මගෙන්, මා විසින් ලොව දකින ඇස්
    දෑස් නොපෙනී දුකින් සිටි ඔහු ගැන සිතා
    මං ඔහුට මගෙ දෑස දුන්නා

27. මගේ දෑස ම උපුටා ඔහුට දන් දුන් විට
    කිසි දිනක හට නොගත් මහා සතුටක් ඇතිවුණා
    මහත් ප්‍රීතියකින් මගේ සිත පිනා ගියා
    මේ සත්‍ය වචනයෙන් මගේ වම් ඇසත් උපදීවා!

එසැණින් ම දෙවැනි ඇසත් පහල වුණා. ඒ දෑස ම ප්‍රකෘති දෑසක් නොවේ. දිව්‍ය දෑසකුත් නොවේ. ශක්‍ර බ්‍රහ්මාදීන් විසින් මවා දෙන ලද දෑසකුත් නොවේ. නැවත ප්‍රකෘතිමත් කරන්ට හැකියාවක් ද නොතිබුණේය. පලුදු කරගත් තැනක දිවැසක් උපදින්නේ නැත. සිවි මහරජුට උපන් දෑසට කිව යුත්තේ සත්‍ය පාරමිතාවෙන් ලද දෑස කියා ය. සිවිරජුට ඇස් ලැබෙන අවස්ථාවේ ම සක් දෙවිඳුගේ ආනුභාවයෙන් සියලු රාජපිරිසත් එහි එක්රැස් වුණා. ඒ මහජනයා මැද සක්දෙවිඳු මේ ගාථා කියමින් රජුට ප්‍රශංසා කළා.

28. සිවි රට වැසියනට සෙත සදන රජුනි,
    තමා තුළ ඇති ගුණයෙන් ය තොප ගාථා කීවේ
    තොපගේ දෑස දැන් දේවානුභාවයෙන් සේ දිස් වේ

29. මහරජුනි, තොප මෙතැන් සිට ඔය දෑසින්
    බිත්තියෙන් එපිටත්, පර්වතවලින් එපිටත්
    හාත්පස සියක් යොදුන් දුරටත්
    දැකීමේ බලය තොපට ලැබේවා!

මෙසේ සිවි මහරජුට ආශීර්වාද කොට, මහජනයාට දානාදි පින්කම් කිරීමේ වටිනාකම පවසා නොපෙනී ගියා. සිවිමහරජු ද මහජනයාගේ සත්කාර මැද නගරයට පිවිස මාලිගයට නැග්ගා. රජතුමාට ඇස් ලද කතාව මුළු සිවිරට පුරා පැතිර ගියා. දෑස් ලද රජු බැහැදැකීම පිණිස රටවාසීන් තෑගිභෝග ගෙන වැල නොකැඩී එන්ට පටන් ගත්තා.

එතකොට රජතුමා මහජනයා දෙස බලා, රාජදොරටුව ඉදිරිපිට මහා මණ්ඩපයක් කරවා, සුදු සේසත් ඔසොවා,

රාජාසනයේ වැඩහිඳ, නුවර අඩබෙර හසුරුවා, සියලු සේනා රැස්කොට "එම්බා පින්වත් රටවැසියනි, මට පහළ වී ඇති මේ දිව්‍ය නේත්‍ර බඳු නෙත් දෙස බලා තොප පාඩමකට ගනිව්. මෙතැන් පටන් කිසිවෙකුට හෝ කිසිවක් දන් නොදී තනිවම අනුභව නොකරව්." කියමින් මේ ගාථාවන් කීවා.

30. මෙහි රැස්ව සිටිනා සියලු රටවැසියනි,
තොපෙන් කිසිවෙක් කවර නම් උතුම් දෙයක්
ඉල්ලා සිටිය විට කවුදෝ නොදී ඉන්නේ?
එසේ දීම නිසා මට පහළ වූ මේ දිවැස දෙස බලව්

31. බිත්තියෙන් එපිටත්, පර්වතවලින් එපිටත්
හාත්පස සියක් යොදුනක්, පැතිර ඇති සියලු දෙය
මගේ මේ දෑසට හරි අපුරුවට ම පෙනේ

32. ඉපිද මේ මනුලොව දිවි ගෙවන මිනිසුනට
දන් දීමට වඩා අන් උතුම් දෙයක් නැති
මගෙන් ඉල්ලූ විට දුන්නේ මිනිස් ඇස් ය
එහෙත් මා හට ලැබුණේය දිව්‍ය නේත්‍රයෝ

33. සිවිරට වැසියනි, මෙය හොඳින් දකිව්
මනාකොට දන් දෙව්, හොඳින් කා බී වසව්
ශක්ති පමණින් දන් දී, තමාත් හොඳින් කා බී
නින්දා නොලබන සුගතියේ,
යති ඔවුන් ලබන උපතට

මේ ගාථාවලින් අවවාද කොට, එතැන් පටන් සිවිරජ තුදුස්වක, පසලොස්වක පොහෝ දිනවල මහජනයා රැස්කොට මේ ගාථාවන්ගෙන් අවවාද කළා.

මහජනයාත් ඒ අනුව බොහෝ දානාදී පින්කම් කොට දෙව්ලොව පුරවමින් උපන්නා. "මෙසේ මහණෙනි, නුවණැත්තෝ බාහිර දානයෙන් සතුටු නොවී, ඉල්ලා පැමිණි යදියන් හට සිය දෑස උපුටා දන් දුන්නා නොවැ." යි වදාළා. "එදා සීවක වෛද්‍යවරයා ව සිටියේ අපගේ ආනන්දයෝ. සක්දෙවිඳු ව සිටියේ අපගේ අනුරුද්ධ. සිවිරට සියලු දෙනා බුදුපිරිස යි. සිවිරට සිවිරජ ව සිටියේ මා ය" කියා භාග්‍යවතුන් වහන්සේ මේ සිවි ජාතකය නිමවා වදාළා.

04. සිරිමන්ද ජාතකය

මෙය උම්මග්ග ජාතකයේ එන්නේය.

05. රෝහන්තමිග ජාතකය
රෝහන්ත නමැති බෝසත් මුවාගේ කතාව

පින්වතුනේ, පින්වත් දරුවනේ,

අප භාගාවතුන් වහන්සේගේ අග‍්‍ර උපස්ථායක ලෙස උවටැන් කළේ අපගේ ආනන්දයන් වහන්සේ. විසිපස් වසරක් පුරා භාගාවතුන් වහන්සේගේ සෙවණැල්ල සෙයින් උන්වහන්සේට මහත් ආදර ගෞරවයකින් උපස්ථාන කළා. වරක් භාගාවතුන් වහන්සේ රජගහ නුවර වැඩසිටියදී දෙවිදත් විසින් නාලාගිරි නම් බිහිසුණු ඇත්රජෙකුට රා පොවා, හෙණ්ඩුවෙන් ඇන කුපිත කරවා, මාවතේ පිඩුසිඟා වඩින භාගාවතුන් වහන්සේ ඉදිරියට එව්වා. ඒ අවස්ථාවේ භාගාවතුන් වහන්සේට පිටුපසින් වැඩි ආනන්දයන් වහන්සේ කලබල වී 'මගේ ජීවිතය මේ හස්තියාට පුදා භාගාවතුන් වහන්සේට රැකවල් සලසනවා' යි සිතා ඉදිරියට පැන්නා. භාගාවතුන් වහන්සේ වහා ආනන්දයන් වහන්සේව පිටුපසට කොට මෙත් සිත් බලයෙන් ඇතා දමනය කළා. ඒ සිදුවීමත් සමඟ ආනන්දයන් වහන්සේ පිළිබඳව කවුරුත් මහත් ආදර ගෞරවයෙන් කතාබස් කළා.

ඒ දිනවල අපගේ භාගාවතුන් වහන්සේ වැඩවාසය කොට වදාළේ රජගහ නුවර වේළුවනයේ. එදා දම්සභා

මණ්ඩපයට රැස්වූ හික්ෂු සංසයා අනඳ මහතෙරුන් විසින් භාග්‍යවතුන් වහන්සේ උදෙසා සිය දිවි පුදා සිටීම ගැන ප්‍රශංසා කරමින් සිටියා. එතැනට වැඩම කොට වදාළ භාග්‍යවතුන් වහන්සේ ඒ හික්ෂූන්ට මෙය වදාළා. "මහණෙනි, අපගේ ආනන්දයෝ මා උදෙසා දිවි පිදුවේ මේ ආත්මයේ පමණක් නොවේ. මින් පෙර ආත්මවලත් මා වෙනුවෙන් දිවි පුදා තියෙනවා" යි මේ අතීත කතාව ගෙනහැර දක්වා වදාළා.

යටගිය අතීතයේ බරණැස බ්‍රහ්මදත් නම් රජෙක් රාජ්‍ය විචාරමින් සිටියා. ඒ කාලයේ මහා බෝධිසත්වයෝ හිමවත් පෙදෙසේ මුව යෝනියේ ඉපිද රන්වන් සිරුරක් ඇතිව, රූසිරියෙන් අගපැත් ව වාසය කළා. ඒ මුවාගේ නම රෝහන්ත. ඒ වගේම ඔහුට චිත්ත නමින් තව බාල සොයුරු රන්වන් මුවෙකුත් සිටියා. චිත්ත මුවාටත් බාල සුතනා නමින් රන්මුවපැටි සොයුරියක් ද සිටියා. මුව පිරිසේ නායක ව සිටියේ බෝසත් රෝහන්ත මුවා. හිමවත් පර්වත වළලු දෙකට එපිටින් තුන්වන පර්වත වළල්ල අතරේ රෝහන්ත නමින් විලකුත් තියෙනවා. ඒ විල ඇසුරු කොට අසූ දහසක් මුව පිරිවර ඇතිවයි රෝහන්ත මුවරජා විසුවේ. කල් යාමේදී රෝහන්තගේ මුව දෙමව්පියන් දෑස් නොපෙනී අන්ධ වුණා.

දිනක් බරණැස වාසය කළ එක් වැද්දෙකුට හිමාලයේ ඇවිද යන අතරේ හදිසියේ ම වාගේ රෝහන්ත මුවරජුව දකින්ට ලැබුණා. ඔහු විස්මයට පත්ව මේ සුරූපී මුවරජාගේ දේහවිලාසය දෙස සැඟවී බලා සිටියා. ගෙදර ගියත් කිසිවෙකුට කීවේ නෑ. මරණාසන්න මොහොත පැමිණිවිට ඔහු සිය වැඩිපුත්‍රයා කැඳවා "පුතේ, මං

මෙතෙක් කල් නොකිව් දෙයක් තියෙනවා. මං දවසක් දා හිමාල වනයේ අසවල් පර්වත වළල්ලේ කරක් ගසද්දී තනි රන්වන් පාට, මනස්කාන්ත දේහවිලාස ඇති අද්භූත මුවරාජයෙකු දැක්කා. බලන්ට බැරි තරම් ඒකා ලස්සනයි. බාගදා රජ්ජුරුවෝ ඇසුවොතින් රන්වන් මුවෝ ඇද්ද කියා, උඹ කියාපං ඒ මුවා ගැන. උඹට තෑගිබෝග ලැබේවි."

ඔය අතරේ බඹදත් රජුගේ දේවිය වූ බේමා බිසවත් සිහිනයක් දැක්කා. ඉතාම හැඩකාර රන්පැහැ මුවරාජයෙක් රන් පැහැ අසුනක හිඳ, රන්කිකිණි නාද නංවමින් මිහිරි සරින් දේවියට බණ කීවා. ඇත් සාදුනාද දිදී බණ ඇසුවා. බණ කීම අවසන් නොකොට ම මුවා නැගිට යන්ට ගියා. "අනේ මුවරජාව අල්ලගන්ට, අනේ මුවරජාව අල්ල ගන්ට" යි කෑගසමින් ඇ යහනින් නැගිට්ටා.

සේවිකාවෝ දිව අවුත් මුවෙක් ඉන්නේ කොහේදැයි කියා සෑම තැන ම බැලුවා. දොර ජනෙල් වසා තිබූ නිසා මුවෙකුට එන්ට විදිහක් ඇත්තේ ම නැති බව බිසවට දැනුම් දුන්නා. එතකොටයි එය සිහිනයක් බව ඇට වැටහුණේ. 'අනේ මට හරි ආසයි රන්වන් මුවෙකුගෙන් හැබෑවට ම බණක් අහන්ට. නමුත් සිහිනයකින් දැක්කා ය කීවොත් රජ්ජුරුවෝ ගණන් ගන්න එකක් නෑ. දොළදුකක් ය කීවොත් කොහොමහරි ඉටුකර දේවි.' යි සිතා අසනීප බවක් හඟවා යහනේ වැතිර ගත්තා.

රජතුමා දේවිය වෙත අවුත් සැප දුක් විමසද්දී ඇයට රන් පැහැ මුවෙකුගෙන් බණ අසන්ට ඕනෑකම ඇති අමුතු ම දොළදුකක් උපන් බව කීවා. බණ අසන්ට

නොලැබුණොත් ජීවත් වෙන එකක් නැතෙයි කීවා. මුනින් අතට හැරී ආයෙම නිදාගත්තා. එතකොට රජතුමා මෙය කීවා. "හරි හරි... ඒ ගැන එතරම් හිතන්ට ඕනෑන්නේ නෑ. මං කොහොමහරි ඔය ආසාව ඉටුකරන්නම්." යි ඇය අස්වසා ඇමතිවරු, බ්‍රාහ්මණවරු කැඳවා "පින්වත්නි, අපගේ දේවින්නාන්සේට රන් මුවෙකුගෙන් බණ අසන්ට ඕනෑමලු. අපි කොහොමෙයි මේ කාරණය ඉෂ්ට කරගන්නේ?"

බ්‍රාහ්මණයන්ගේ උපදෙස් මත හිමවත හැසිරෙන සියලු වැද්දන් කැඳවා රන් මුවන් ගැන විස්තර දන්නවා දැයි ඇසුවා. එතකොට එක් තරුණ වැද්දෙක් නැගී සිටියා. "දේවයන් වහන්ස, තනි රන්වන් පාට, ඉතාම හැඩකාර මුවරජෙක් තුන්වෙනි හිමවත් පර්වත වළල්ලේ ඉන්නවා දැක්කා ය කියා අපේ අප්පුච්චා මට කීවා."

"අනේ මිතුර, එහෙනම් උඹට එය කරන්ට ඇහැකි. ඒ රන් මුවාව කොහොමහරි අල්ලාගෙන වරෙං. මං උඹට හොඳට සලකන්නම්. දැනට මේ වියදම් අරගෙන පලයං." යි කියා මග වියදම් දුන්නා.

"දේවයන් වහන්ස, මට ඒ රන්වන් මුවාව අල්ලන් එන්ට බැරිවුණොත්, ඒකාගේ සම හෝ අරගෙන එන්නම්. එහෙමත් බැරිවුණොත් අඩුගණනේ රන් ලොම් හරි අරගෙන එන්නම්. ඒ ගැන වැඩිදුර නොසිතන සේක්වා!" යි වියදම් රැගෙන කෙලින් ම ගෙදර ගියා. අඹුදරුවන්ට එය දී කෙලින් ම හිමවත බලා පිටත් වුණා. 'හරි... තුන්වෙනි කඳුවළල්ලටත් ආවා. ඔය මුවා අල්ලන්ට ඇහැක් විදිහට මද්දක් ගසන්ට ඕනෑ කොයිබ ද?' යි විමසා යද්දී මුවන්

ඇවිදින් පැන් බොන රෝහන්ත විල දැක්කා. ඔවුන්ගේ පියවර සටහන් බලා, ලොකු ම මුවා එන තැන අනුමාන කොට, සමීන් කළ වරපටකින් වටකොට යකඩ කණුවක් සිටුවා උගුල ඇටෙව්වා.

පසුවදා රෝහන්ත මුවා අසුදහසක් මුව පිරිස හා තණ කා වෙනදා යන පැන්තොටට ගොහින් පැන් බීමට විලට බසිද්දී ම ඔහුගේ පාදය මද්දට හසුවුණා. 'දැන් ම මං මද්දකට හසුවුණා ය කියා කෑගැසුවොත් මෙයාලා පැන් නොබී ම මරණහයින් තැතිගෙන පලායාවි.' යි සිතා යකඩ කණුවට පැටලී ගිය පා ඇතිව, පැන් බොන බව හඟවා නිහඬ ව සිටියා. සියලු මුවන් පැන් බී ගොඩ ආවා. රෝහන්ත මුවා මද්ද කඩන්ට සිතාගෙන වැරෙන් පය ඇද්දා. පළමුවර අදිනකොට සම සිඳී ගොස් මද්ද තව තවත් තද වුණා. දෙවන වර අදිනවිට මස කපාගෙන ගොහින් තවත් තද වුණා. තුන්වන වර අදිනවිට නහරවැල් කපාගෙන ගිහින් ඇටය දක්වා තද වුණා. ලේ ගලන්ට පටන් ගත්තා. මද්ද කඩාගෙන යා නොහැකි වූ රෝහන්ත මුවා තමන් උගුලකට හසු වූ බව කියා යටිගිරියෙන් කෑගැසුවා.

මරණහයින් තැතිගත් මුවරළ තුන් පැත්තකින් පලා ගියා. තුන්වෙනි කණ්ඩායමේ සිටි චිත්ත මුවා සිය මුව පිරිස අතර මුවරජු ඉන්නවාදැයි බැලුවා. ජේන්ට නෑ. 'අයියෝ... එහෙනම් මේ හය ඉපදී තියෙන්නේ මගේ අයියණ්ඩිට නොවැ.' යි හැරී බලා නැවත ටිකෙන් ටික විල දෙසට ඇවිත්, විල අසල සිටි රෝහන්ත මුවා ළඟට ආවා. එතකොටයි දැක්කේ ඔහු මද්දට හසුවී ඇති වග. රෝහන්ත මුවා චිත්ත මුවාට මෙය කීවා. "අනේ ඇයි

මලේ, උඹ මෙතනට ආවේ? මෙතන මහ භයානක තැනක්.
හනික පැනගනිං." යි කියමින් මේ ගාථාව පැවසුවා.

01. අනේ චිත්ත, අහපං මෙකරුණ
     මරණභයින් තැතිගෙන මුවරළ දිව්වා පැනගෙන
     උඹත් හනික පැනගං, මෙහි භය බොහොමා
     මං ගැන දැන් එපා සිතන්ට
     නුඹටයි සිදුවන්නේ මුවපිරිස බලාගන්ට

     චිත්ත මුවා :-

02. රෝහන්ත මගේ අයියණ්ඩි,
     අයියෝ මට නම් මෙතනින් යන්ට කියන්ට එපා!
     මහද සෝදුකින් අදින්නේ ම මෙතනටයි
     බෑ මයෙ සොයුර, තොප අත්හරින්ට බෑ
     මාත් දැන් තොපත් සමග මෙතන ම මැරෙනවා

     රෝහන්ත මුවරජා :-

03. අනේ එහෙම වුණොත් අපේ අන්ධ මාපියන්
     කිසි පිහිටක් නැතිවම මැරී යාවිනේ
     මල්ලියේ, උඹත් පැනගනිං හනිකට
     උඹත් එක්ක දෙමාපියන් ජීවත් වේවි

     චිත්ත මුවා :-

04. රෝහන්ත මගේ අයියණ්ඩි,
     අයියෝ මට නම් මෙතනින් යන්ට කියන්ට එපා!
     මහද සෝදුකින් අදින්නේ ම මෙතනටයි
     මද්දට සිරවී ඉන්නවානෙ ඔයා
     බෑ මයෙ සොයුර, තොප අත්හරින්ට බෑ
     මාත් දැන් තොපත් සමග මෙතන ම මැරෙනවා

මෙසේ කියූ චිත්ත මුවා රෝහන්ත මුවාගේ දකුණු පසට ඇවිත් ළඟින් ම සිටගත්තා. සිය සොයුරු මුවාව ආදරයෙන් සිඹිමින් අස්වසමින් උන්නා. සුතනා මුව නැගණිය පිරිස හා පලාගියා. ඈ පිරිස බලද්දී තමාගෙ අයියලා දෙන්නා ම එතන නෑ. 'අනේ... මේ හය හටගෙන තියෙන්නේ මයෙ අයියලාට නොවැ.' යි සිතා ඈයත් නැවත විල අසලට හැරී ආවා. ඈ තමන් දෙසට එනවා දුටු රෝහන්ත මුවරජා කෑගසා මෙය කීවා.

05. සුළු දේටත් වහ බියවෙන නංගියේ,
අනේ උඹ පැනගනිම් හනිකට
යකඩ කණුවේ තිබූ උගුලට මං හසුවුණා
උඹ පලයං මයෙ නඟා මෙතනින් ඉවත් වී
මං ගැන එපා බලාපොරොත්තු වෙන්ට
මුවරළන් සමග දිවි ගෙවාපං

සුතනා :-

06. රෝහන්ත මගේ අයියණ්ඩි,
අනේ මට නම් මෙතනින් යන්ට කියන්ට එපා!
මහද සෝදුකින් අදින්නේ ම මෙතනටයි
බෑ මයෙ සොයුර, තොප අත්හරින්ට බෑ
මාත් තොප සමග මෙතන ම මැරෙනවා

රෝහන්ත මුවරජා :-

07. අනේ එහෙම වුණොත් අපේ අන්ධ මාපියන්
කිසි පිහිටක් නැතිවම මැරී යාවිනේ
නඟා උඹවත් පැනගං හනිකට
උඹ එක්කවත් දෙමාපියන් ජීවත් වේවි

සුතනා :-

08. රෝහන්ත මගේ අයියණ්ඩි,
අනේ මට නම් මෙතනින් යන්ට කියන්ට එපා!
මහද සෝදුකින් අදින්නේ ම මෙතනටයි
මද්දට සිරවී ඉන්නවානෙ ඔයා
බැ මයෙ සොයුර, තොප අත්හරින්ට බැ
මාත් තොප සමග මෙතන ම මැරෙනවා

වේගයෙන් පලායන මුවන් දැක, මද්දට හසු වූ
මුවෙකුගේ කෑගැසීම ඇසූ වැද්දා කලබලේ කැසපට ගසා,
මුවන් මරණ සැතත් රැගෙන වහා දුව ආවා. මුව වැද්දා
තමා වෙතට දුවගෙන එනු දුටු රෝහන්ත මුවරජා මේ
ගාථාව කීවා.

09. අන්න බලාහං මහා දරුණු වැද්දා දුව එන හැටි
ආයුධ දුනු හී දරා අප වෙත දුව එන හැටි
ඒකා ඇවිත් අපට හිංසා කරන්ටයි යන්නේ
හනික පැනගනිං උඹලා, හනික පැනගනිං

වධකයෙකු සේ දුව එන වැද්දා දැක දැකත් විත්ත මුවා
නොසෙල්වී ම එතැන සිටියා. සුතනාට සිය ස්වභාවය
නිසා එතන ඉන්ට බැරිවුණා. මරණබියෙන් තැතිගෙන
පලා දිව්වා. ටික දුරක් දිවගොස් හැරී බලා 'අයියෝ...
මයෙ සහෝදරයන් දමා, මං කොයිබ යන්ට ද?' යි සිතා
නළලේ මරණයත් කොටාගෙන යළිත් ආවා. ඇවිත්
රෝහන්ත මුවාගේ වම්පසින් හේත්තු වී සිටගත්තා.

10. බිය වී හොඳටම මරණ හයෙන් තැතිගෙන
සුතනා පලාගියා මොහොතකට

ඈ එදා ඉතා දුෂ්කර දෙයක් කළා
සිය මරණය ම කැමති වී නැවත එතැනට ආවා

වැද්දා දුව ඇවිත් බලද්දී මද්දට මැදි වී ගිය මහමුවාත්, ඒ දෙපසින් මහමුවාට සමීප වී තව මුව දෙන්නෙකුත් ඉන්නවා දැක්කා. මේ තුන් දෙනා ඉන්නා අයුරු දුටු වැද්දාට මුවන් ගැන මහත් ආදරයක් උපන්නා. "ඕ හෝ... මේ එක කුස උපන් සහෝදරයන් වෙන්ට ඇති. මුවරජා නම් උගුලට හසුවුණා. එතකොට මේ දෙන්නා හසුවුණේ මොකටද?" යි කියමින් මේ ගාථාව පැවසුවා.

11. අනේ මුවෝ, මෙතන තව දෙන්නෙක්
උගුලටත් හසු නොවී, නිදහස් ව නොවැ ඉන්නේ
තම ජීවිතය නිසාවත්, අත්හැර ගන්ට බැරිව ඉන්නේ
එම්බා මුවරජ, මෙවුන් උඹගේ කවුරුදැයි කියාපං

රෝහන්ත මුවරජා :-

12. එම්බා වැද්ද, මා අසලින් ම මේ ඉන්නේ
එක් මව්කුස උපන් මයෙ මල්ලියයි නංගියයි
මේ දෙන්නාතත් මා සමග මැරෙන්ට ඕනෑමලු
එනිසයි මා හා වෙන් නොවී දැන් සිටින්නේ

මුවරජුගේ වචනය ඇසූ වැද්දාට ඔවුන් කෙරෙහි ආදරය තවත් වැඩිවුණා. වැද්දාගේ සිතේ ඔවුන් ගැන ආදරය උපන් බව තේරුම් ගත් චිත්ත මුවා "අනේ මිතුර, මා කියන දේ පොඩියක් අසාපං. තොපගේ මද්දට හසු ව සිටින්නේ නිකාම් ම නිකං මුවෙක් ය කියා සිතන්ට එපා. මෙයා අසූදහසක මුවරළේ නායකයා. හරිම ගුණසම්පන්නයි. සියලු සතුන් කෙරෙහි මෙත්සිතින්

යුක්තයි. ලොකු නුවණකුත් තියෙනවා. මෙයා තමයි දෑස් නොපෙනෙන අපේ මාපියන්ට උපස්ථාන කරන්නේ. ඉදින් ඔහේට මේ සිල්ගුණ සම්පන්න මුවා මරන්ට ඕනෑ නම්, ඊට කලියෙන් අපේ අන්ධ මාපියන්වත්, මාවත්, මේ මගේ නැගණියත් සමග අපි පස්දෙනාව ම මරන්න. හැබැයි අපේ අයියණ්ඩිගේ ජීවිතය බේරා දුන්නොත් අපි පස්දෙනාගේ ම ජීවිතේ බේරුවා වෙනවා." යි මේ ගාථාව කීවා.

13. අනේ අපේ දෙමාපියන්නේ දෑස ම අන්ධයි
     ඒ අයටත් මේ නිසා ම උරුම වෙන්නෙ මරණයයි
     එනිසා අයියණ්ඩිව මරණින් නිදහස් කොට
     අපි පස්දෙනාට ම අභයදානය දෙනු මැන

චිත්ත මුවාගේ ගුණවන්ත අදහස අසා වැද්දා තවත් පැහැදුණා. "මයෙ මුවරජේ, ස්වාමී, භය ගන්ට කාරි නෑ ඉතින්." කියා මේ ගාථාව පැවසුවා.

14. අනේ මයෙ ආදර මුවරජේ,
     මාපියන්ට අදරින් උවටැන් කරනා
     ඔයාව මං නිදහස් කරනවා ම යි
     මරණින් බේරී ආ මුවපුත්‍රයාව ඉවකොට
     ඔයාගේ මව්පියෝ ඉතා සතුටු වෙත්වා!

ඊට පස්සේ වැද්දාට මෙය සිතුණා. 'ඕහ්... එතකොට රජතුමා මට කීවේ මුවා අල්ලාගෙන ආවොත් තෑගිබෝග දෙනවා කියා නේද? නෑ... මට ඒ කිසිවක් ඕනෑන්නේ නෑ. මෙවැනි සිල්ගුණ ඇති මුවෙකු මං මැරුවොත් මාව පොළොව පලාගෙන යාවි. මයෙ හිසට හෙණ වදීවි. එනිසා මං මෙයාව නිදහස් කරනවා ම යි.' කියා යකඩ

කණුව පෙරලා සම් වරපට සින්දා. මුවරජාව ආදරයෙන්
වැළඳගෙන සිපගත්තා. දිය මත හාන්සි කරවා, සිරුවට
ගැටය ලිහාදැම්මා. ගලන ලේ, විල්දියෙන් සෝදමින්
මෙත් සිතින් සෙමින් පිරිමැද්දා. වැද්දාගේ සිතේ උපන්
මෛත්‍රී බලයෙනුත්, රෝහන්ත මුවාගේ පාරමී බලයෙනුත්
එසැණින් සම් මස් නහර ගැලපී තුවාලය සුවපත් වුණා.
අසවල් තැන තුවාල වුයේ යැයි නොපෙනෙන සේ
මුළුමනින් ම ප්‍රකෘතිමත් වුණා. සුවපත් වූ මුවරජා නැගිට
සිටගත්තා. සතුටින් පිරිගිය සිතින් යුතු චිත්ත මුවා මෙය
කීවා.

15. අනේ මිතුර, මරණයෙන් නිදහස් වී
     සුවපත් ව ඉන්නා අපගේ මුවරජු දැක
     මගේ සිතේ මහා සතුටක් උපන්නා
     මෙලෙසින් තොපත් නෑයන් හා සතුටට පත්වේවා!

එතකොට වැද්දාත්, මුවන් දෙන්නාත් විල අසලින්
ගොඩට ආවා. වැද්දා දෑත් එක්කොට වැඳ, සිය ගුරුවරයාට
සෙයින් තුන් වතාවක් මුවරජු පැදකුණු කොට, සතර
තැනක වැඳ, නෙළුම් කොළයට මුවාගේ ලොම් ටිකක්
පමණක් ගෙන පිටත් වුණා. මුවන් තුන්දෙනා වැද්දා සමග
ටික දුරක් පසුගමන් කොට නැවතුණා. වැද්දා නොපෙනී
ගිය පසු මුවට පැනුත්, තණකොළත් ගෙන මාපියන්
කරා ගියා. "අනේ මයෙ රෝහන්ත පුතේ, උඹ මද්දෙන්
ගැලවුණා නෙවෙද?" අසමින් මේ ගාථාව පැවසුවා.

16. අනේ මයෙ පුතේ, උඹට මරණය ළං වුණා නෙවෙද?
     කොහොමද එයින් උඹ දිවිය බේරා ගත්තේ?
     වැද්දා ඇටවූ උගුලට හසු ව සිටි උඹට
     කොහොමද එයින් නිදහස් කොට එන්ට දුන්නේ?

රෝහන්ත මුවරජා :-

17. අම්මේ, අප්පච්චි, මේ චිත්තයි එය කළේ
සිතට ආලය වඩන, කනින් ඇසුවිට සුව දෙන
සුභාෂිත මියුරු වදනින්, වැද්දාට කතා කළා නොවැ
මිහිරි බස් කියූ චිත්තයි, මරණයෙන් මා බේරුවේ

18. සිතට ආලය වඩන, ඇසුවිට කනට සුව දෙන
සුභාෂිත මියුරු වදන්, මේ සුතනාත් කීවා
මිහිරි බස් කියූ සුතනාත්, මරණයෙන් මා බේරුවා

19. සිතට ආලය වඩන, ඇසුවිට කනට සුව සදන
සුභාෂිත මියුරු වදන්, මේ දෙන්නා ම කීවා
එය ඇසූ වැද්දාගෙ සිත මොළොක් වුණා
එනිසයි වැද්දා මරණයෙන් මා නිදහස් කළේ

එතකොට අන්ධ මුව දෙමාපියන්ට මහත් සතුටක්
ඇතිවුණා. එය අනුමෝදන් වෙමින් ඔවුන් මෙය කීවා.

20. අනේ මයෙ පුත රෝහන්ත,
ඒ වැද්දා තොප මරණයෙන් ගලවා,
මා වෙත එව්වා නෙවෙද?
හරීම සතුටුයි අපට, හරීම සතුටුයි අපට
අනේ ඒ වැද්දාත් අඹුදරුවන් හා මේ සතුට විඳීවා!

වැද්දා රජමැදුරට ගොසින් රජතුමා බැහැදැක
වන්දනා කොට පසෙකින් සිටගත්තා. රජතුමා ඔහු දැක
මේ ගාථාව පැවසුවා.

21. එම්බා වැද්ද, තොප කීවා නේද මට
රන් මුවෙකු හෝ රන් මුවසමක් හෝ

නොවරදා මෙහි ගෙනෙන වග
ඇයි රන්මුවෙකු හෝ රන්මුව සමක් හෝ
නොගෙන තොප හිස් අතින් ආවේ?

වැද්දා :-

22. අනේ මගෙ රජුනේ, එතැන මහ පුදුමයක් වුණා
රන්මුවරජා මගේ මද්දට හසුවුණා
තව මුවන් දෙදෙනෙක් ඇවිත්, ඔහු ළගින් ම උන්නා
නමුත් ඒ දෙන්නා උගුලකට හසුව සිටියේ නෑ

23. සිල් ගුණදම් ඇති ඒ මුවන්ගේ බස් අසා
මයෙ ගත ලොමුඩැහැ ගත්තා, පුදුමයට පත්වුණා
ඉදින් මං මේ මුවරජු මැරුවොත්
මාත් එතන ම මැරී යාවි යි සිතුණා

රජතුමා :-

24. එම්බා වැද්ද, කියව මට මේ කරුණ
තොප දුටු ඒ රන්මුවෝ කෙබඳු ද?
ඒ අය රකින සිල් ගුණය කෙබඳු ද?
ඔවුන් තුළ තිබුණේ කවර සොඳුරු රුවක් ද?
මේ තරම් ඉහළින් ඔවුන් පසසන්නේ මන්ද?

වැද්දා :-

25. හප්පේ මහරජුනි, බලන්ට බැරිතරම ලස්සනයි
අං තට්ටුව දිලෙනවා රිදී පාටින්
සෙමෙර වලිගයත් සුදෙන් ම දිලෙනවා
සම දිලෙනවා නොවැ තනි රන් පාටින්
පා සතර ම දිලුණා රතු පාටින්
ඔවුන්ගේ ලොකු දෑස් දිලිසුණා නිල් පාටින්

මෙසේ පැවසූ වැද්දා තමා රැගෙන ආ රන් ලෝම රජතුමාගේ අත මත තබා මුවන්ගේ සිල්ගුණ වර්ණනා කරමින් මේ ගාථාව කීවා.

26. අනේ නිරිඳාණනි, ඒ රන් මුවන්ගේ
    උතුම් සිල්ගුණ මෙබඳු ය
    අන්ධ මාපියන් හට, උවටැන් කරත් ආදරයෙන්
    එවැනි උතුම් මුවන්ව මා, තෑගි ලබනු ආසාවෙන්
    කොහොමද රැගෙන එන්නේ?

මෙසේ වැද්දා රෝහන්ත මුවරජු තුළත්, චිත්ත මුවා තුළත්, සුතනා තුළත් පවත්නා ගුණධර්මයන් වර්ණනා කොට "මහරජුනි, මං ඔය ගෙනාවේ ඒ මුවරජාගේ සිරුරෙන් ගත් ලෝමයන් ම යි. මේ රන් ලෝම අතේ තබාගෙන මා කියන්නා වූ දහම්පදයන් දේවීන්තාන්සේට අස්සවා වදාළ මැනව." යි කීවා. එතකොට රජතුමාත් ඒ අයුරින් කටයුතු කළා. දේවියගේ දොළ සංසිඳුණා. වැද්දාටත් තෑගිබෝග ලැබුණා.

රජතුමා :-

27. එම්බා වැදිපුත්‍රය, මං තොපට දෙනවා
    රන් නික සියයක්, වටිනා මිණිකොඩොල්
    දියබෙරලිය පැහැගත් මේ සතරස් අසුනත්

28. රූසපුවෙන් හැඩරුවින් සම වූ
    ළඳුන් දෙදෙනෙකුත් දෙනවා
    වෘෂභයෙකුත් සමගින් සියයක් ගවයන් දෙනවා
    මාත් ඒ දහම් අසා දැහැමිව රට කරනවා
    වැද්ද, තොප මට මහ උපකාරයක් කළා

29. එම්බා වැද්ද, ගොවිතැන් වෙළදාම්
ණය දීම් හා සම්මාදම්, මෙවැනි රස්සාවක් කරපං
එයින් අඹුදරුවන් රකපං
උඹත් දඬයම් නවත්වා, පාපයෙන් දුරුවෙයං

වැද්දා රජුගේ කතාව අසා "අනේ රජතුමනි, මට තවදුරටත් ගිහිගෙදර ඉන්ට අදහසක් නෑ. මයෙ ජීවිතය මුළුමනින් ම වෙනස් වුණා. පැවිදි වෙන්ට අවසර දුන මැනව." යි අවසර ගෙන තම ධනය අඹුදරුවන්ට දී හිමවත බලා ගියා. සෘෂි පැවිද්දෙන් පැවිදි ව ධ්‍යාන, අභිඥා, අෂ්ට සමාපත්ති උපදවා ගත්තා. මරණින් මතු බඹලොව ගියා. රජුත් රෝහන්ත මුවා කියූ දහම් කතාව වැද්දාගෙන් ඇසූ පරිදි පුරුදු කොට දෙව්ලොව උපන්නා. රෝහන්ත මුවාගේ ඔවදන් දහසක් අවුරුදු පැවතුණා.

ඉක්බිති භාග්‍යවතුන් වහන්සේ මෙය වදාළා. "මහණෙනි, අපගේ ආනන්දයෝ පෙර ආත්මෙත් මා උදෙසා දිවි පුදා තියෙනවා. එදා වැද්දා ව සිටියේ අපගේ ඡන්න. රජතුමා ව සිටියේ සාරිපුත්තයෝ. දේවිය බෙමා භික්ෂුණිය යි. මාපියන් ව සිටියේ ශාක්‍ය රාජ කුලය යි. සුතනා ව සිටියේ උප්පලවණ්ණා. චිත්ත මුවා ව සිටියේ අපගේ ආනන්දයෝ. අසූදහසක් මුව පිරිස ශාක්‍ය රාජවංශයේ පිරිස යි. රෝහන්ත මුවා ව සිටියේ මා ය" කියා භාග්‍යවතුන් වහන්සේ මේ රෝහන්තමිග ජාතකය නිමවා වදාළා.

06. චූල හංස ජාතකය

අනඳ මහතෙරුන්ගේ
පෙර ආත්මය ගැන කතාව

පින්වතුනේ, පින්වත් දරුවනේ,

ඒ දිනවල අප භාග්‍යවතුන් වහන්සේ වැඩවාසය කොට වදාළේ රජගහ නුවර වේළුවනයේ. එදාත් දම්සභා මණ්ඩපයේ රැස්ව හුන් හික්ෂු සංසයා අපගේ අනඳ මහතෙරුන් භාග්‍යවතුන් වහන්සේට දිවි පුදා විසීම ගැන කතා වුණා. ඒ අවස්ථාවේ භාග්‍යවතුන් වහන්සේ එතැනට වැඩම කොට වදාලා. හික්ෂුන් වහන්සේලා තමන් කතා කරමින් සිටි කරුණ භාග්‍යවතුන් වහන්සේට සැලකලා. භාග්‍යවතුන් වහන්සේ "මහණෙනි, අනඳයෝ මා උදෙසා දිවි පුදා විසුවේ මේ ආත්මයේ පමණක් නොවේ. මින් පෙර ආත්මවලත් මා වෙනුවෙන් දිවි පුදා තියෙනවා." යි මේ අතීත කතාව ගෙනහැර දක්වා වදාලා.

යටගිය අතීතයේ බරණැස් පුර බහුපුත්තක නමින් රජෙක් රාජ්‍ය විචාරමින් සිටියා. ඒ රජුට බේමා නම් අගබිසවක් සිටියා. එකල මහබෝධිසත්වයෝ ඉපිද සිටියේ හිමාලයේ හංස යෝනියක ය. අනූ දහසක හංස පිරිවර ඇතිව චිත්‍රකූට පර්වතයේ විසූ ඔහුගේ නම වූයේ ධතරාෂ්ට්‍ර

හංස රාජයා යනුවෙනි. ඒ හංසයාට සුමුබ නමින් තමාට බාල සොයුරු හංසයෙක් සිටියා.

දිනක් බහුපුත්තක රජුගේ බේමා බිසව සිහිනයක් දැක්කා. රන් හංසයෙක් ඇවිත් ඇයට බණ කීවා. බණ හමාර නොකොට ම හංසයා ඉගිල ගියා. එවිට ඈ "අනේ අර හංසයා අල්ලගන්ටකෝ..." කියා කෑගසමින් නැගිට්ටා. එදා තමයි බේමා දේවියට රන් හංසයෙකුගෙන් බණ අහන්ට ඕනෑ ම යි යන අදහස ඇතිවුණේ. ඉතින් ඈ රන් හංසයෙකුගෙන් බණ ඇසීමේ දොළක් තමන්ට හටගත්තා ය කියා මහරජුට සැලකළා.

රජතුමා ඇමතිවරුන්, බ්‍රාහ්මණයන් ගෙන්වා රන් පැහැ හංසයන් ඉන්නා තැන ඇසුවිට හිමාලයේ චිත්‍රකූට පර්වතයේ ඔවුන් ඉන්නා බව දැනුම් දුන්නා. එතකොට රජතුමා රාජ උද්‍යානයේ බේම නමින් විලක් කෙරෙව්වා. හංසයන් ආහාරයට ගන්නා නොයෙක් දෑ රෝපණය කෙරෙව්වා. පොකුණේ සිව් කොණේ සිට ඕනෑම දවසක බියක් නැතිව ඇවිත් ගොදුරු කා යන්ට කියා හඬ නගා කියෙව්වා. රන් හංසයෙකු ආවොත් අල්ලා ගැනීම සඳහා එක් වැද්දුපුතුයෙකුත් මුරට තැබුවා.

ටිකෙන් ටික ඒ විලට පක්ෂීන් එන්ට පටන් ගත්තා. හංසයොත් එන්ට පටන් ගත්තා. දිනක් රන් පාට හංස රෑනටත් අහසේ පියාසර කරද්දී මේ විල දැකගන්ට ලැබී, විලට අවුත් කා බී සතුටු ව ගියා. වැද්දා රන් හංසයන් එන වග රජුට දැනුම් දුන්නා. රාජ නියෝගය පරිදි යකඩ කණුවක් සිටුවා, එයට තොණ්ඩුවකින් බැඳි යන අයුරින් උගුලක් අටවා, හංසයන් එනතුරු බලාපොරොත්තු ව සිටියා.

එදා ධතරාෂ්ට්‍රු හංසරාජයා හංස පිරිවර සමග විලට ආ වේලේ ඔහුගේ පය ම තොණ්ඩුවට හිර වී කණුව උඩට හංසරාජයාව එසවුණා. දැන් පා ගැටගැසී ගිය හංසරාජයා ගෙල පහළට වැටී එල්ලෙමින් සිටිනවා. අනිත් හංස පිරිස ගොදුරු ගන්නා තුරු ඔහු ඉවසා සිටියා. ගොදුරු කා අවසන් වූ බව දැන තමා උගුලකට හසු වූ වග කියා කෑගැසුවා. එසැණින් තුන් කොටසකට බෙදී ගිය හංස රෑන බියෙන් හඬ දීගෙන ඉගිලුණා. තමා අත්හැර පලායන හංසයින් දෙස හංසරාජයා ගෙල දිගු කොට බලා සිටියා.

හංස පිරිස සමග සුමුඛ හංසයාත් පියාඹා ගියා. එසේ යන අතරේ තම සොයුරු ධතරාෂ්ට්‍රු හංසරාජයා සිටීදැයි බැලුවා. ඔහු නැති බව වැටහී නැවතත් පෙරළා ආවා. එවිට ඔහු දුටුවේ හංසරාජයාගේ පය කණුවේ ඉල්ලී හිස පහතට වැටී සිටිනා ආකාරය යි. එවිට හංසරාජයා 'අයියෝ... මෙයත් ළගට ආවා නොවැ. මෙයා මොකටද ආවේ කියා විමසන්ට ඕනෑ' යි සිතා සුමුඛ හංසයාට මේ ගාථාවන් කීවා.

01. රන් සිවි ඇති, රන් පැහැ ඇති සුමුඛ හංසයෝ
    නැමෙනාසුලු ගෙලක් තිබෙන සොඳුරු හංසයෝ
    අන්න බලන් හංස රෑන බියෙන් පලා යනවා
    නුඹත් පියාඹා පලයං, මහ විපතකි මේ තැන

02. උගුලට හසු වී තනියම සිටිනා මා දැක
    සියලු පැතුම් සිඳ බිඳගත් නෑ පිරිවර හැම
    බිය ව පලා යති ඒ හැම මෙහි මා අත්හැර
    නුඹ විතරක් ඇයි ඉන්නේ මා ළග තනියම?

03. ඉගිලී යන සතුන් අතර මුලින් සිටින හංසයෝ
    උගුලට හසු වූ අයෙකුට හිතවත් වෙන්නට එපා
    දුකක් නැතිව ඉන්නා උඹ එය නැති කර ගන්ට එපා
    සුමුඛ පියාඹා පලයං, මෙහි රැඳී ඉන්නට එපා!

සුමුඛ :-

04. ධතරාෂ්ටු මගේ සොයුරු හංසරාජනේ,
    දුකෙන් පෙළී සිටිනා තොප අත්නොහරිමි මම
    එක්කෝ තොප සමග මගේ ජීවත් වීම වේවා!
    නැත්නම් තොප සමග මටත් මරණය හිමි වේවා!

හංසරාජයා :-

05. දුකින් පෙළෙන තොප අත්නොහරිමි මම යැයි කියා
    සුමුඛය, තොප කීවේ යම් බසක් ද හිත තියා
    මෙය උතුම් බසකි ලොව ගුණවත් උතුමන්ගේ
    තොප මෙහි නැවතී සිටීම දැනගන්ට ඕන වුණා
    එනිසයි මා කීවේ පියඹා පලයං යැයි කියා

හංසයන් දෙදෙනා මෙසේ කතා කරමින් සිටින අතරේ
මුගුරක් අතට ගත් වැද්දපුත්‍රයා වේගයෙන් එතැනට ආවා.
එතකොට සුමුඛ හංසයා වැද්දා ඉදිරියට ගොස් ගරුසරු
දැක්වුවා. මහ හංසයාගේ ගුණ කියන්ට පටන් ගත්තා.
එය ඇසූ වැද්දාගේ හිත මොළොක් වුණ බව දැනගත්
සුමුඛ හංසයා යළිත් කණුව වෙත පැමිණ හංසරාජයා
අස්වසමින් සිටියා. වැද්දාත් හංසරාජයා වෙත අවුත් මෙය
කීවා.

06. අහසෙ පියාඹන නුඹ වැනි බොහෝ කුරුල්ලන්
    පියවර ලකුණු නොමැති තැන නොවැ පියඹා යන්නේ

කුරුල්ලන් අතර උතුම් වූ හංසරාජය,
ඇයි තොප දුටුවෙ නැද්ද මෙහි උගුලක් ඇති වග?

හංසරාජයා :-

07. වැද්ද මිතුර, අසනු මැනව මා කියනා දෙය
යම් අයෙකුගෙ පින අවසන් වී,
සැපයෙන් ඔහු පිරිහී යයි නම්
ජීවත් වෙන්නට ඇති ආයුත්,
ඔහු තුළ අවසන් වී ඇත්නම්
එවැනි අයට අසල ම තිබෙනා,
දැල හෝ උගුල නොපෙනේ

හංසරාජයාගේ කතාව ඇසූ වැද්දා මහත් සතුටට
පත්වුණා. ඊළඟට සුමුබ හංසයාගෙන් මෙය ඇසුවා.

08. රන් පැහැ සිවි ඇති, රන් පැහැ හංසය,
නැමෙනාසුලු ගෙලක් තිබෙන සියලු හංසයන්
මරණ හයෙන් කම්පා වී ඉගිල පලා ගියා
තොප පමණක් ඇයි මොහු අසල ම නැවතිලා?

09. නැමෙනාසුලු ගෙලක් තිබෙන, අහස් ගමන් ඇති
හංසයෝ මෙහි ඇවිත් සප්පායම් වී හොඳින්
අපේක්ෂාවක් නැති සිතින් පියාඹා යනවා මෙයින්
එහෙත් ඇයි තොප පමණක් තනිවම ළං ව ඉන්නේ?

10. මෙහි උගුලකට තොප හසුවෙලා නෑ නොවැ
උගුලට හසු ව ඉන්නේ ලොකු ම හංසයා නොවැ
අන් සියලු හංසයෝ බියෙන් මොහු අත්හැර
හඩාගෙන ඇතට ඉගිල පලාගියා නොවැ
තොප පමණක් මොහුට ළං වී, ඇයිද නැවතී ඉන්නේ?

සුමුඛ :-

11. අනේ මිතුරැ වැද්දාණෙනි, අසන්ට මා බස
    මේ ඉන්නේ මගේ හංසරාජයා, මිතුරා, හිතවතා
    මගේ පණ හා සමව ඉන්නේ මට මොහු විතරයි
    මගේ පණනල ඇතිතුරා අත්නොහරිමි මොහු කිසිදා

එය අසා වැද්දා තවත් පැහැදුණා. 'හප්පේ... මෙවන්
සිල් ගුණදම් ඇති උතුම් සත්වයන්ට මං යම් අපරාධයක්
කළොත් මෙතන ම පොළොව පලාගෙන යාවි. මෙවන්
උතුම් සතුන් බැදගෙන ගොහින් රජුගෙන් ලබන ධනය
කුමටද මට? මං මෙයාව නිදහස් කරනවා.' යි සිතා මේ
ගාථාව කීවා.

12. පින්වත් හංසය, තම මිතුරැ හිතවතා වෙනුවෙන්
    සිය පණ පුදන්ට සූදානම් ය තොප
    එනිසා නිදහස් කොට දෙමි තොපගේ මිතුරා
    හංසරජුගේ පසුපස තොප ද යන්නෙක් වේවා!

මෙසේ කියා කණුවට ගැට ගැසී තිබූ උගුල සිඳ,
හංසරාජයාව විල් මදින් ගොඩට ගෙන, උගුලෙන් නිදහස්
කොට, පාදය සිරවූ තැන ගලන ලේ සෝදා, නහර ආදිය
සකසා සිනිඳුවට පිරිමැද්දා. වැද්දාගේ සිතේ වූ මෛත්‍රී
බලයෙනුත් බෝධිසත්වයන්ගේ පාරමිතානුහාවයෙනුත් ඒ
මොහොතේ ම පාදය ප්‍රකෘති තත්වයට පත්වුණා. උගුලට
හසුව තුවාල වූ තැනක්වත් සොයාගත නොහැකි වුණා.
හංසරාජයා දෙස බලා සතුටු වන සුමුඛ හංසයා වැද්දට
මේ ගාථාවෙන් අනුමෝදනා කළා.

13. උගුලෙන් මිදීගත් මගේ හංසරජු දැක

අද මට මහා සතුටක් සිතේ ඇතිවුණා
අනේ වැද්ද, තොපටත් ඒ ලෙසින්
සියලු නෑ පිරිවර හා එක් වූ සතුට ලැබේවා!

"අනේ හොඳයි ස්වාමී, එහෙනම් දැන් තමුන්නාන්සේලා යන්ට." කියා වැද්දා කීවා. නමුත් හංසරාජයා නැවතී වැද්දාගෙන් මෙය ඇසුවා. "මිත්‍රය, මං තොපගෙන් කාරණාවක් අසන්ට කැමතියි. තොප මාව මේ උගුලට හසුකර ගත්තේ කිසියම් අර්ථයක් ඇතිව ද? නැත්නම් වෙනත් කෙනෙකුගේ අණ කිරීමට ද?" එතකොට වැද්දා දේවිය දුටු සිහිනයේ පටන් සියලු විස්තර කියා සිටියා. හංසරාජයා කල්පනා කළා. 'ඕ... එහෙනම් මං දැන් කුමක්ද කළ යුත්තේ? චිත්‍රකූට පර්වතයට නොගොස් මොහු සමග නගරයට ගියොතින් මොහුට ධනයත් ලැබෙනවා. දේවියගේ ඓාළදුකත් සංසිඳෙනවා. මේ විලට එන පක්ෂීන්ට අභයදානයත් ලැබෙනවා. ඒ නිසා නගරයට යෑම උතුම්.' යි සිතා මෙය කීවා.

"මිතුර වැද්ද, අපව රජතුමා ළඟට රැගෙන යන්ට. අපව නිදහස් කරන්ට රජතුමා සතුටු වුණොත් නිදහස් කරාවි."

"අනේ හංසය, රජවරු කියන්නේ මහ දරුණු උදවිය නොවැ. එහේ යන්ට ඕනෑන්නේ නෑ. ඔයාලා චිත්‍රකූට පර්වතේට ම යන්ට."

"එහෙම කියන්ට එපා මිතුර, තොප වැනි වැද්දෙකුගේ සිතත් මොළොක් කරන්ට අපට හැකි වුණා නම්, රජුව සතුටට පත්කරවන එකත් අපට භාරයි. අපව රැගෙන යන්ට."

එතකොට වැද්දා හංසයන්ව රැගෙන මාලිගාවට ගියා. හංසයෝ දුටු ගමන් රජතුමා මහත් සතුටට පත්වුණා. හංසයන් දෙන්නා රාජපීඨයක හිඳුවා, විලඳ මීපැණි කවා, මීපැණි දැමූ දිය පොවා, ඇඳිලි බැඳ වන්දනා කොට බණක් වදාරන්ට කියා ඉල්ලා සිටියා. රජුත් දේවියත් බණ අසන්ට කැමති බව දැන, පළමුව පිළිසඳර දොඩනු පිණිස හංසරාජයා මෙසේ කතාව ආරම්භ කළා.

14. සුපින්වත් රජුනි, සැප දුක් කෙසේද තොපගේ?
    තොප සැම දෙන සිටිත් ද මෙහි නිදුක් නිරෝගි ව?
    රටවැසියන් හැම දියුණු ව සිටිත් ද සුවසේ?
    රටවැසියන්හට දැහැමිව තොප කරයි ද අනුශාසනා?

රජතුමා :-

15. එසේය මාගේ පින්වත් හංසරාජයාණෙනි,
    ලෙඩක් දුකක් නැතිව හොඳින් සිටිනවා අපි සැපසේ
    දියුණු වී රටවැසියනුත් වසනවා නොවැ සුවසේ
    දැහැමි ලෙස මං ඔවුන් හට අනුශාසනත් කරනවා

හංසරාජයා :-

16. රජුනි, ඔබේ ඇමතිවරුන්ගේ තියේ ද අඩුපාඩු?
    දකුණු පසින් සෙවණැල්ලක් සේ සිටිත් ද ඔවුන්?
    දුරස් ව සිටිනවා නේද තොපගේ සතුරනුත්?

රජතුමා :-

17. හංසරාජයෙනි, එසේය මට කියන්ට ඇත්තේ
    ඇමතිවරුන් ගැන දකින්ට අඩුපාඩුත් නැත්තේ
    සෙවණැල්ලක් සේ දකුණින් සිටිනව මේ පැත්තේ
    දුරස් ව සිටිනවා සතුරන් මා සිටිනා පැත්තේ

හංසරාජයා :-

18. රජුනි, තොපේ බිසෝවරුන් සිටිත් ද ගුණවත් වී?
    කීකරු වී ප්‍රිය තෙපුලින් දොඩත් ද හිතවත් වී?
    දරු සම්පත්, රූ සම්පත් සමග යසස් එක් වී
    සිටිත් ද ඒ හැම තොප හට කැමති ලෙසින් එක් වී?

රජතුමා :-

19. හංසරාජයෙනි, එසේය මට කියන්ට ඇත්තේ
    බිසෝවරුත් මෙහි ඉන්නා සමාන ගුණ ඇත්තේ
    කීකරු වී ප්‍රිය තෙපුලින් දොඩත් ය හිතවත් වී
    දරු සම්පත්, රූ සම්පත් සමග යසස් එක් වී
    සිටිත් ය ඒ හැම මාහට කැමති ලෙසින් එක් වී

හංසරාජයා :-

20. මා පිය දෙපසින් පිරිසිදු පුත් කුමාරවරු තොපේ
    නුවණින් බලවත් වී දියුණුව සදනවා ද මේ රටේ?
    රටවැසියන්ගේ යහපත හැමවිට තබමින් සිතේ
    සතුටින් සමගි ව සිටිමින් ඔවුන් සිටිනවද රටේ?

රජතුමා :-

21. හංසරාජයෙනි, එසේය මට කියන්ට ඇත්තේ
    එක්සියයට වැඩිය එකක් පුතුනුත් මට ඇත්තේ
    රටේ දියුණුවට ඔවුනුත් කැපවීමෙන් ඇත්තේ
    රටවැසියන්ගේ යහපත සලසා දිය යුත්තේ
    ඒ වෙනුවෙන් තව කිසිවක් කීමට ඇත්නම් තොපහට
    පහදා දුන මැනව පින්වත් හංසරජුනි මා හට

    එවිට හංසරාජයා සියලු රජපිරිවරට මෙසේ අවවාද

කරමින් ගාථාවන් පැවසුවා.

22. උසස් කුලෙන් හෝ සිල් ගුණයෙන් හෝ
සිටින යමෙක්, උගත යුතු නම් සුදුසු කල යම් දෙයක්
අතපසු කොට එය, වෙනත් වැඩක යෙදේ නම්
ඔහුට උවමනාවක් හෝ ආපදාවක් ආ විට
කරගන්ට කිසිවක් බැරිව අසරණ වෙනු ඇත

23. නුගත්කමත් අනුවණකමත් දෙක එකට තිබුණොත්
පිරිහීමේ දොරටු හැම ඔහු තුළින් විවර වී යත්
රෑ නොපෙනෙන අඳුරේ,
ලොකු රූප දකිනා අයෙකු සේ
ඔහුත් ලොකු ලොකු දේ සිතා,
උවමනා කුඩා දේ අත්හරියි

24. අනුවණ තැනැත්තා නිස්සාර දේවල්
සාරවත් ලෙස ගෙන, නිසි දැනුමකුත් නොලබයි
ගිරි දුර්ග මැද වේගයෙන්, දුවන සරහ නම් මුවන්
සම විසම බිම හඳුනගන්නට බැරිව
හෙළ පහළට වැටී අසරණ වන ලෙසින්,
ඔහු ද අසරණ වේ

25. පහත් කුලයක ඉපිද සිටියත් යමෙක්
නැගීසිටි වීරියෙන් යුතු නම්,
සිල් ගුණදමින් යුතු නම්
රෑ ගනඳුරෙහි බබළන, ගින්නක් ලෙසින් ඔහු දිලේ

26. මා කියූ මේ උපමා අරගන්ට පාඩමකට
තොපගේ දරුවන්ට, උගන්වව විද්‍යා ශිල්පයන්
ගුණ නැණින් උගත්කමින් ඔවුන් වැඩී ගියවිට

සරු කෙතේ වපුල සරු බීජුවටට
වැසි දහර හොඳින් වැටුණු විට,
අස්වැන්න ලැබෙන සේ
ඔවුන්ගෙන් මුළු රටට, යහපත ම සැලසෙනු ඇත

මෙසේ හංසරාජයා නොයෙක් අයුරින් මුළු රෑ පුරා රජුට බණ කීවා. දේවියගේ දොළ සංසිඳුණා. හිරු පායන වේලෙහි රජු පංචසීලයෙහි පිහිටුවා, අප්‍රමාදී ව කටයුතු කරන්ට කියා පවසා සුමුබ හංසයාත් සමග උතුරු සීමැදුරු කවුළුවෙන් නික්ම චිත්‍රකූටය බලා පියාඹා ගියා.

"මහණෙනි, දැන් පමණක් නොවේ, අපගේ ආනන්දයෝ පෙර ආත්මයේත් මා වෙනුවෙන් දිවි පුදා තියෙනවා. එදා රජු ව සිටියේ අප සාරිපුත්තයෝ. දේවිය ව සිටියේ බේමා භික්ෂුණිය යි. හංස පිරිස ව සිටියේ ශාක්‍ය පිරිස යි. සුමුබ හංසයා ව සිටියේ අපගේ ආනන්දයෝ. ධතරාෂ්ට්‍ර හංසරාජයා ව සිටියේ මා ය" කියා භාග්‍යවතුන් වහන්සේ මේ චූල හංස ජාතකය නිමවා වදාළා.

07. සත්තිගුම්බ ජාතකය

ඇසුරට අනුව වෙනස් වූ ගිරවුන්ගේ කතාව

පින්වතුනේ, පින්වත් දරුවනේ,

ඒ කාලයේ අපගේ භාග්‍යවතුන් වහන්සේ වැඩවාසය කොට වදාළේ රජගහ නුවර ගිජ්ඣකූට පර්වතයට නගින පාමුල පිහිටි මද්දකුච්ඡි නමැති මුවන්ගේ අභයභූමියේ. භාග්‍යවතුන් වහන්සේ ගිජුකුළු පව්ව පහළට වෙන්ට තිබූ සක්මන් මළුවේ සක්මන් භාවනාවේ යෙදෙමින් සිටියා. ඒ අවස්ථාව බලා සිටි දේවදත්ත, රහසේ ම සැඟවී සිට, භාග්‍යවතුන් වහන්සේගේ සිරස මතට හෙළන අදහසින්, උඩ සිට මහත් ගලක් තල්ලු කළා. එතකොට හදිසියේ ම පහළ පර්වතයෙන් ගලක් මතු වී ඒ වැටෙන ගල බැහැර කරද්දී එහි දිශානතිය වෙනස් වුණා. පහළට වැටෙමින් තිබූ ගල වෙනත් ගලක ගැටීමෙන් පසෙකට විසි වී ගිය නමුත්, කුඩා ගල් පතුරක් ගැලවී භාග්‍යවතුන් වහන්සේගේ දකුණු පාදයේ මහපට ඇඟිල්ලේ වැදුණා. තුවාල වී රුධිරය වහනය වුණා. දේවදත්ත හනික සැඟවී ගියා.

භාග්‍යවතුන් වහන්සේට තුවාල වූ වග දැනගත් බොහෝ භික්ෂූන් වහන්සේලා වහා ගිජුකුළු කන්දට එක්රොක් වුණා. කඳු මුදුනේ ඉඩකඩ අඩු ව ගිය හෙයින් බොහෝ භික්ෂූන්ට අපහසුතා ඇතිවුණා. ඒ අපහසුතාව

මගහරවා ගැනීම පිණිස මද්දකුච්ඡි මිගදායට තමන්
වහන්සේ රැගෙන යන ලෙස භික්ෂූන්ට දන්වා වදාළා.
භික්ෂූන් වහන්සේලා උන්වහන්සේ පල්ලැක්කියක
වඩාහිඳුවා පඩිපෙළෙන් පහළ වූ මද්දකුච්ඡි මිගදායේ
කුටියට වැඩමවාගෙන ආවා. වහා පැමිණි ජීවක
වෛද්‍යතුමා භාග්‍යවතුන් වහන්සේගේ තුවාල වූ පාදය
සෝදා ඖෂධ ගල්වා සුවපත් කළා. භාග්‍යවතුන් වහන්සේ
අසල වාඩි වී හුන් භික්ෂූන් වහන්සේලා ඒ මොහොතේ
මෙවැනි කතාබහක යෙදුණා.

"අනේ ඇවැත්නි, බලන්ට. දෙව්දත් තමාත්
පව්කාරයෙක් ව සිට, තමා බඳු ම පාපී පිරිසක් සාදාගෙන
ඉන්නවා නොවැ." එතකොට භාග්‍යවතුන් වහන්සේ
මෙය වදාළා. "මහණෙනි, දෙව්දත් පාපියෙකු ව සිට,
පාපී පිරිසක් සමග හැසිරුණේ මේ ආත්මයේ පමණක්
නොවේ. ඒක ඔහුට ආත්මගත පුරුද්දක්. පෙර ආත්මෙත්
ඔහොම තමයි." යි පවසා මේ අතීත කතාව ගෙනහැර
දක්වා වදාළා.

යටගිය අතීතයේ කුරුරට උත්තරපංචාල නගරයේ
පංචාල නම් රජෙක් රාජ්‍ය විචාරමින් සිටියා. ඒ කාලයේ
මහා බෝධිසත්ත්වයෝ එක් වනාන්තරයක පර්වත සානුවක
හිඹුල් වනයේ ගිරා රජෙකුගේ ගිරා පුත්‍රයෙකු ව උපන්නා.
ඔහු සමග තවත් ගිරා පැටියෙක් උන්නා. ගිරා පැටව්
දෙන්නා රූක් බෙනයක වාසය කළේ. ඒ හිඹුල් වනයේ
තිබූ පර්වතයට උඩට වෙන්ට සොරුන්ගේ ගම්මානයකුත්
තිබුණා. එහි සොරුන් පන්සියයක් වාසය කළා. එසේ ම
පර්වතයේ පහළට වෙන්ට තාපසාරාමයකුත් තිබුණා.
එහිත් තවුසන් පන්සියයක් වාසය කළා.

ඒ ගිරා පැටවුන්ගේ තටු සෑදීගෙන එන කාලයේ ගස් අතරින් වේගයෙන් හමාගිය වා සුළියක් හේතුවෙන් එක් ගිරා පැටවෙක් සුළඟේ ගසාගෙන ගොහින් සොර ගම්මානයේ ආයුධ අතර වැටුණා. ආයුධ අතර වැටී සිටි මේ ගිරා පැටවා දුටු සොරු ඔහුට සත්තිගුම්බ යන නම තැබුවා. එහි තේරුම ආයුධ අතර වැටුණු පැටියා යන්නයි. අනිත් ගිරා පැටියා පහළට ගසාගෙන ගොහින් තාපසාරාමයේ වැලි මලුවේ විසිරී තිබූ මල් අතරට වැටුණා. එනිසා තවුසෝ එක්ව ඔහුට මල් අතර වැටුණු පැටියා යන අරුතින් පුෂ්පක යන නම තැබුවා.

දිනක් පංචාල රජ සියලු අලංකාරයෙන් සැරසී රථයට නැග, මහත් පිරිවර හා, මුව දඩයම් සඳහා නගරයට නුදුරින් තිබූ වනයට ගියා. "කවුරු හෝ සිටි තැනින් මුවා පලා ගියොත් ඔහු ම ගොහින් මුවා දඩයම් කරන්ට ඕනෑ" යි කියූ රජතුමා රථයෙන් බැස තමාට වෙන්කළ කොටසේ සිට දුන්න මානාගෙන සිටියා. මිනිසුනුත් මුවන් ඉන්නා කැලෑ මණ්ඩිය වට කළා. අත්පොඩි ගසමින් ශබ්ද කළා. එයින් කලබල වූ එක් මුවෙක් පැනගන්ට මගක් බලමින් සිට රජතුමා සිටි තැනින් පැනගන්ට හැකි ය සිතා වේගයෙන් එතැනින් පලා ගියා. "කාගේ පැත්තෙන් ද මුවා පැන ගියේ?" යි කෑ ගැසූ ඇමතිවරු "හපොයි... අපේ රජතුමා සිටි තැනින් නොවැ උ පැන ගියේ." යි කියා විහිළු කරන්ට පටන් ගත්තා.

ඔවුන්ගේ විහිළුව ගැන ලැජ්ජාවත් මාන්නයත් ඇති වූ රජතුමා 'හරි... මං ගොහින් කොහොමහරි මුවා අල්ලනවා.' යි රියට නැග වේගයෙන් යමු කියා වාඩිවුණා. රථය වේගයෙන් යන අතරේ රජුට නින්දත් යනවා. යලිත්

ඇහැරෙනවා. ක්‍රමයෙන් සොරුන් වාසය කරන කැලෑවට රජතුමා එන වග දැනගන්ට ලැබී බියට පත් සොරුන් කැලෑව ඇතුළට දිව්වා. එතකොට ඒ ගමේ ඉතිරි වූයේ සත්තිගුම්බ ගිරවාත් පතිකොලම්බ නම් මිනිසාත් විතරයි. ඒ මොහොතේ ම ගමෙන් නික්මුණු ගිරවාට රටයේ නිදාවැටෙමින් යන රජු දකින්ට ලැබුණා. 'ෂාහ්... මේකා ළග හරි අපූරු ආභරණ තියෙනවා නොවැ. මරාගත්තා නම් යසයි.' යි සිතා පතිකොලම්බට කෑගසා මෙය කීවා.

01. මුව දඩයම් ගිය පංචාල රටේ රජා
    සේනාව හා වන වැදී ඔවුන්ගෙන් වෙන් වුණා
    දැන් තනිවෙලා ඒ රජා වනයේ ඇතුළට ආවා

02. සොරුන් වසනා වනේ ලොකු පැල්පතක් තිබුණා
    එයින් එළියට ආ ගිරවෙක් රුදුරු බස් කීවා

03. බලාපං බොල කවුදෝ එකෙක් අස්රියෙන් එනවා
    කොඩොල් අබරණ දමා, නළල්පට සිරසේ තබා
    ඒකගේ සිරස දිලෙනවා නොවැ හිරුමඩල සේ

04. මේ මැදියම් රැයේ, රියදුරත් එහි නින්දේ
    වරෙං බොල යන්ට, උන් ළග තියෙනවා
    ඇඳුම් මිණි කොඩොල් වටිනා දේවල්
    වර ගොහින් පැහැර ගනිමු

05. මේ මැදියම් රැයේ, තවම දෙන්නා නිදනවා
    වරෙං බොල එවුන් මරන්ට යන්ට
    ඇඳුම් මිණි කොඩොල් ගලවා,
    කොළ අතුවලින් උන් වසා
    එන්ට යමු එතැනට, දැන්වත් අසාපං මා බස

මෙසේ කියමින් ගිරවා වරක් පතිකෝලම්බ ළඟට එනවා. ආයෙමත් එළියට ඇවිත් රජය දෙස බලා කෑගසනවා. නැවත පතිකෝලම්බ ළඟට එනවා. නින්දේ සිටි රජු අවදි වී හොඳින් අසා සිට වටපිට බලා කල්පනාවෙන් සිටියා. පැල්පතේ සිටි මිනිසා ගිරවාට කෑගසා මෙය කීවා.

06. අඩේ සත්තිගුම්බ, හැබෑවට පිස්සු ද තට?
    ඇයි බොල තෝ මෙසේ මහර කෑගසන්නේ?
    රජවරු කියන්නේ දිලිසෙන ගින්නක් වගේ
    ලේසියෙන් ළං වෙන්ට බැරි බව,
    දැන්වත් තෝ දැනගනිං

සත්තිගුම්බ ගිරවා :-

07. අඩේ පතිකෝලම්බ, මොනාද තෝ කියන්නේ?
    වෙරි වෙලා වගේ නොවැ, තෝ දැන් කෑගසන්නේ
    මහසොරාගේ බිරිඳ, මා හදාගත් අම්මා ය
    කා බී උන්නත් ඇ, අදින්ට යමක් නෑ නොවැ
    ඉතින් දැන් රෙදි පැහැර ගත්තොත්,
    ඇටත් පොරොජ්නයි
    ඇයි තෝ දැන් සොරකමට කැමති නැත්තේ?

ගිරවෙක් මිනිසෙකු හා මිනිස් භාෂාවෙන් රැදුරු වචනවලින් කතා කරනවා ඇසූ රජතුමා හොඳටම බිය වුණා. රියදුරා අවදි කරවමින් මේ ගාථාව කීවා.

08. මිතුර රියදුර, නැගිටපං හනික
    පදවාපං රිය ඉක්මනින්
    මෙතන ගිරවුන්නේ කතා මට අල්ලන්නේ නෑ
    අපි අනිත් පැත්තේ ඇති අසපුවට යමං හනිකට

රියදුරා :-

09. හරි මහරජුනි, මං හනික රිය සැදුවා
     නගිනු මැන රජුනි, වහා රටයට
     එසේ නම් අපි යමු හනික ඒ අසපුවට

රජතුමා රටයට ගොඩවූ සැණින් සෙන්ඩව අශ්වයන් සුළඟේ වේගයෙන් රටය ඇදගෙන යද්දී සත්තිගුම්බ ගිරවා හොඳටම කැළඹුණා. වේගයෙන් යන රටය දෙස බලමින් කෑගසා මෙය කීවා.

10. කෝ යකෝ මේ ගෙදර ඉන්නා එවුන්?
     කොහේ ගියා ද මේ හොරු කැල?
     හොරුන්ට හසුවුණේ නැති නිසා
     අන්න පංචාලයා නිදහසේ පැන යනවා

11. ගනිව් දුනු ඊතල අතට, ගනිව් ආයුධ තෝමරත් හනික
     අන්න පංචාලයා පැන යනෝ
     ඒකාට පණපිටින් යන්ට නම් දෙන්ටෙපා!

මෙසේ පංචාල රජුට ගිරවා තර්ජනය කරමින් ඔබමොබ ඉගිලෙමින් සිටියදී රජතුමා තපස්වීන් වසන අසපුවට ආවා. ඒ වෙලාව පාන්දර හෙයින් ඔවුන් පලවැල නෙළන්ට වනයට ගොහින්. පුෂ්පක ගිරවා පමණයි අසපුවේ තනිව සිටියේ. ඔහු රජු දැක පෙරගමන් ගොස් ඉතා මියුරු ලෙස පිළිසඳර බස් දෙඩුවා. ඒ වග ගාථාවෙන් කියවෙන්නේ මෙසේ ය.

12. රත් පැහැ හොට ඇති අලංකාර ගිරවා
     රජු වෙත පෙරට ඇවිත්, පිළිගෙන මියුරු බසින්
     'මහරජ තොප මෙහි ආ එක,

සොඳුරු ආගමනයක් වේවා!
ඉතා දුර සිට නොවැ තොප ආවේ’ යි,
ගිරවා තුටින් කීවා

13. මෙහි පැමිණි තොප ය දැන් අධිපතියා
බුදින්ට යමක් ආස නම් එය අපට කිව මැන
තිඹිරි තියෙනවා මොරත් තියෙනවා
මී, එරමිණිය තියෙනවා

14. මහරජ, ඉතා රසවත් හොඳ හොඳ
කුඩා පලතුරු තියෙනවා, ඒවාත් කන්ට අරගෙන
මේ පැන් හරි සිසිලයි, ගිරිකඳුරින් ගෙනා දිය නොවැ
ඉතින් තොප රිසි නම්, සිහිල් පැන් වැළඳුව මැන

15. මේ අසපුවේ සිටින තාපසින්නාන්සේලා
පලවැල ගෙන එන්ට ගියා නොවැ වනයට
තොප නැගිට ගොහින්, රිසි දෙයක් අරගත මැන
පිළිගැන්වීමට මට, අනේ නෑ නොවැ දෑතක්

ගිරවාගේ පිළිසඳර බස් අසා මහත් සතුටට පත් රජ
ගිරවාට මෙසේ කීවා.

16. මව්කුසිනුත්, දෙවනුව බිජුවටිනුත් උපන් නිසා
කුරුල්ලන්ට ද්විජ කියාත් කියනවා
අනේ මේ ගිරා කුරුල්ලා, උතුම් දහමක පිහිටියෙක්
ඒ නිසා ම යි මේ තරම් යහපත්
හපෝ ඒකට කලින් එකා, දරුණු බස් ම යි කීවේ

17. අඩේ බොල හනික වර, අල්ලා බැඳපිය මේකව
යන්ට දෙන්ට එපා මූට පණපිටින්
කියමින් ඒ ගිරවා, දරුණු ලෙස කෑගැසුවා

ඒ නිසයි අපි හනික මේ අසපුවට ආවේ

එතකොට පුෂ්පක ගිරවා රජුගේ කතාවට පිළිතුරු වශයෙන් මේ ගාථාවන් කීවා.

18. මහරජුනි, මා හොඳින් දන්නවා ඒ ගිරවා
     අපි දෙන්නා ම එක මව්කුසේ උපන් සහෝදරයෝ
     එක ම රුක් බෙනයේ, දෙන්නා එකට ම යි හැදුණේ
     දවසක් මහා සුළඟක් කැරකී හැමුවා
     සුළඟට ගසාගෙන දෙන්නා දෙපසට විසිවුණා

19. සොරුන් ළඟ වැටුණු අපේ මල්ලියාට
     සත්තිගුම්බ කියා එයාලා නම තිබ්බා
     තවුසන්ගේ මල් බිමට වැටුණු මාහට
     පුෂ්පක කියාලයි තවුසන් නම තිබ්බේ
     එයා ඇතිදැඩි වුණේ අසත්පුරුෂයන් අතරේ
     සත්පුරුෂයන් ළඟ නොවැ, මං මෙතන වැඩුණේ
     එනිසා ය අපි දෙන්නාගෙ, මේ වෙනස පෙනෙන්නේ

20. එහි වසන සොරුන් අතරේ
     හිංසා, වධ බන්ධන, රවටිලි තියෙනවා
     වංචා, ගම් පැහැර ගැනුම්, දරුණුකමුත් තියෙනවා
     හොරුන් අතරේ වැඩුණු එයා,
     දැන් ඒවා හොඳට දන්නවා

21. මේ අසපුවේ ඉන්නා තවුසන් අතරේ
     සත්‍යයත් ධර්මයත් අහිංසාවත් තියෙනවා
     සීලයත් ඉඳුරන් දමනයත් මෙහි තියෙනවා
     ආගන්තුකයන්ට අසුන් පනවන, පැන් දෙන
     තවුසන්ගේ ඇකයේ නොවැ ඉතින් මා වැඩුණේ

22. මෙලොවේ සත්පුරුෂ හෝ අසත්පුරුෂ වේවා
සිල්වත් දුසිල්වත් වේවා, යමෙකුගේ ඇසුරක් ලදොත්
ඒ ඇසුරු කරන අයගේ, ගතිගුණ අනිකා හට
පිහිටන්නේත් ඒ ලෙසට ම යි

23. යම්බඳු අයෙකු ගෙන, මිතුරෙකු ලෙස තබයි නම්
ඔහු හා ඇසුර නිබඳව, යම් කෙනෙක් පවත්වයි නම්
ඇසුරු කරනා අයගේ අදහස තමාටත් ඇති වේ
එකට වාසය කිරීම මෙවැනි දෙයක් ම ය

24. යම් ගුරුවරයෙකුගේ ඇසුර සිසුවෙකුට ලැබේ නම්
යම් ගෝලයෙකුගෙ ඇසුර ගුරුවරයටත් ලැබේ නම්
ඔවුනතර අධර්මය තිබුණොත්
විෂ පෙවූ ඒතලයක් හොඳ ඒතලය ළඟ තැබුවා වගේ
අනිකටත් විෂ පැතිරෙනවා ම යි
තමා අතින් පව් සිදුවේ ය යන බියෙන්
නැණවතා පවිටු මිතුරන් ඇසුරු නොකරයි

25. කුණු මාළ්වෙකු ගෙන, දැවටුවොත් ඒතණවලින්
ඒ ඒතණවලිනුත් හමනවා ම යි කුණු ගඳ
පවිටු මිතුරන්ගේ ඇසුර නම් මෙවැනි දෙයක් ම ය

26. දැසමන් මල් ගෙන, දැවටුවොත් කෙසෙල් කොළයක
ඒ කෙසෙල් කොළයෙනුත්, හමනවා මිහිරි සුවඳ ම
නුවණැති සත්පුරුෂ ඇසුරන් මෙබඳු ම ය

27. දැවටු දෙය අනුව, ගසක කොළයක පවා
ගඳ සුවඳ ඇති වන බව දැන
සත්පුරුෂ ඇසුරින් සෙත සැලසෙනා බව දැන
සත්පුරුෂයන් පමණයි ඇසුරකට ගත යුත්තේ

අසත්පුරුෂයෝ තමා ඇසුරට,
එන අයත් නිරයට යවත්
සත්පුරුෂයෝ තමා ඇසුරට එන අය සුගතියට යවත්

රජතුමා පුෂ්පක ගිරවාගේ දහම් කතාවට බොහෝ සේ පැහැදුණා. තපස්වරුන් පලවෙල ගෙනාවිට රජතුමා ඔවුන්ට වන්දනා කළා. "ස්වාමීනී, මට අනුකම්පාවෙන් අපගේ මාලිගාව අසල ඇති උයනට තමුන්නාන්සේලා වැඩිය මැනව." යි ඇරයුම් කළා. නගරයට ගොස් සියලු ගිරවුන්ට අභයදානය දී නිදහස් කළා. තාපසින්නාන්සේ-ලාත් උයනට ගොස් වෙසෙමින් රජුට ඔවදන් දුන්නා. ඒ අනුව කටයුතු කළ රජතුමා මරණින් මතු දෙවියන් අතර උපන්නා. රජුගෙන් පසු රජකම ලැබූ පුත්‍රයෝත් ඒ ලෙස ම කටයුතු කළා. සත් රජ පරපුරක් දක්වා ඒ තවුසන්ගේ දහම් කතාව අනුව දන්වැට පැවැත්තුවා. පුෂ්පක ගිරවාත් මහවනයේ ම නිදහසේ වාසය කොට මිය ගියා.

"මහණෙනි, දේවිදත් මින් පෙරත් අසත්පුරුෂයෙක් ව සිට, අසත්පුරුෂ පිරිවර ඇතිව වාසය කළා. එදා සත්තිගුම්බ ව සිටියේ දේවිදත්. සොරු පිරිස ව සිටියේ දැන් සිටින දේවිදත්ගේ පිරිස ම යි. රජතුමා ව සිටියේ අපගේ ආනන්දයෝ. තපස්වීවරුන් ව සිටියේ බුදු පිරිස යි. පුෂ්පක ගිරවා ව සිටියේ මා ය" කියා භාග්‍යවතුන් වහන්සේ මේ සත්තිගුම්බ ජාතකය නිමවා වදාළා.

08. හල්ලාටිය ජාතකය
කොසොල් රජු හා මල්ලිකා දේවියගේ
පෙර ආත්මයක කතාව

පින්වතුනේ, පින්වත් දරුවනේ,

අප භාග්‍යවතුන් වහන්සේගේ මහා කරුණාව ඉතා ආශ්චර්ය ය. උන්වහන්සේ විසින් මිනිසුන්ට උපකාර කරද්දී ඔවුන් පෙර භවයන්හි කටයුතු කළ ආකාරයත් නුවණින් බලනවා. උන්වහන්සේ තරම් ක්ෂණයකින් අන් අයගේ පෙර භවයන් පිළිබඳව පූර්ණ විස්තර පහදා, එහි අරුත් විසඳා, ගැටලු සමනය කරන්ට දක්ෂ වෙන කිසිවෙක් එදාත් අදත් ලෝකයේ සිටියේ නෑ. වීතරාගී සිතකින් යුතු භාග්‍යවතුන් වහන්සේ තුළ තිබුණේ කෙබඳු අසිරිමත් මහා කරුණාවක් දැයි මේ කතාවෙන් තේරුම් ගන්ට පුළුවනි.

ඒ දිනවල අප භාග්‍යවතුන් වහන්සේ වැඩවාසය කොට වදාළේ සැවැත් නුවර ජේතවනයේ. දවසක් දා කොසොල් රජු හා මල්ලිකා දේවිය සිරියහනේ සිටියදී බහින්බස් වීමක් හටගත්තා. මල්ලිකා දේවිය ගැන කිපුණු කොසොල් රජ එදා සිට ඈ දෙස බැලුවේවත් කතා කළේවත් නෑ. එතකොට මල්ලිකා දේවිය මෙසේ සිතුවා. 'අනේ මා අත කිසි වරදක් නෑ. නමුත් අපගේ රජ්ජුරුවෝ

එදා හරියට කිපුණා නොවැ. නිවැරද්දේ ම රජතුමා මා ගැන කිපී සිටිනා වග, අනේ භාග්‍යවතුන් වහන්සේ දැන ගන්නා සේක් නම් මට යහපතක් වේවි’ යි භාග්‍යවතුන් වහන්සේ ගැන ම සිතන්ට පටන් ගත්තා.

අපගේ මහා කාරුණිකයන් වහන්සේ මල්ලිකා දේවියගේ අදහස දැන පසුවදා හික්ෂු සංසයා සමග රජගෙදර දොරටුව අසලට පිඬුසිඟා වැඩියා. රජතුමා වහා පෙරගමන් කොට, භාග්‍යවතුන් වහන්සේගේ පාත්‍රය ගෙන, උඩුමහලට වඩමවා, භාග්‍යවතුන් වහන්සේ ප්‍රමුඛ හික්ෂු සංසයා පිළිවෙළින් වඩාහිඳුවා ප්‍රණීත දන්පැන් පිළිගැන්නුවා. දන් වළදා අවසන් වූ විට රජතුමා එකත්පස් ව හිඳගත්තා. "ඇයි මහරජුනි, අද මල්ලිකා බිසව පෙනෙන්ට නැත්තේ මොකෝ?"

"අනේ ස්වාමීනී, ඈ ගැන කතා කරලා වැඩක් නෑ. ඈ ඉන්නේ රාජසැපයෙන් මත් වෙලා."

"මහරජ, ඒ වුණාට පෙර ආත්මේ ඔහොම සිටියේ නෑ නොවැ. පෙර ආත්මයක තොප කිඳුරෙක් ව සිටියා. ඇය තොපගේ කිඳුරු බිරිඳ ව සිටියා. ඉතින් දවසක් දා එක ම එක රැයක් තොපට ඇයගෙන් වෙන් වෙන්ට සිදුවුණා. නමුත් ඒ වෙන් වූ එක් රැය ගැන සිතා, එසේ එක් රැයකට වෙන්වීම ගැන වියෝ දුකින් තොප සත්සිය අවුරුද්දක් හඬ හඬා සිටියා නොවැ."

"අනේ භාග්‍යවතුන් වහන්ස, මා පෙර ආත්මයේ කිඳුරෙක් ව සිට ගත කළ ඒ ජීවිතය ගැන කියා දෙන සේක්වා!" යි කොසොල් රජ ඉල්ලා සිටියා. භාග්‍යවතුන් වහන්සේ මේ අතීත කතාව ගෙනහැර දක්වා වදාළා.

යටගිය අතීතයේ බරණැස් නුවර හල්ලාටිය නම්
රජෙක් රාජ්‍ය විචාරමින් සිටියා. ඒ රජතුමා අඟුරින් පැලහු
මුවමස් කන්ට ආසා කොට සිය රාජ්‍යය ඇමතිවරුන්ට
පවරා, පංචායුධයෙන් සන්නද්ධ ව, හොඳින් පුහුණු කරන
ලද දඩයම් බල්ලන් ද පිරිවරා, නගරයෙන් නික්ම හිමවතට
ගියා. කුඩා අතු ගංගාවක් දිගේ උඩට යාගන්ට නොහැකි
ව, තවත් එක් ගංගාවකින් එතෙර ව, ඒ පෙදෙසේ විසූ
මුවන් ඌරන් ආදි සතුන් මරා පුල්ස්සා කමින් සිට
ක්‍රමයෙන් කඳු මුදුනට නැගගත්තා.

එහි එක් සිත්කලු නදියක් තියෙනවා. වැසි කලට උරය
දක්වා වැසෙන පරිදි ජලය ගලනවා. පායන කාලයේදී
දණහිස ප්‍රමාණයට යි ජලය ගලන්නේ. ඒ නදියේ
නොයෙක් මාළුන් ඉබ්බන් ආදි සතුන් වසනවා. නදී තෙර
රිදීපටක් බඳු වැලිතලාවෙන් යුක්තයි. නා නා කුසුමින්
ගැවසී ගත් කොළ පැහැ තුරු ලතාවෙනුත් යුක්ත යි. නා
නා කුරුලු කොබෙයියන්ගේ නාදයෙනුත් යුක්ත යි.

දවසක් දා ඒ නදීතෙර ඔස්සේ ගන්ධමාදන පර්වතයට
නගිමින් සිටි හල්ලාටිය රජුට ලස්සන කිඳුරෙක්, සිය කිඳුරිය
වැළඳ සිඹ සිඹ හඬ හඬා සිටින අයුරු දකින්ට ලැබුණා.
ඒ දෙන්නා මහත් වියෝ දුකින් හඬනවා. රජතුමාට
මේ කිඳුරන් සමග කතා කරන්ට හිතුණා. පළමු කොට
තමන්ගේ දඩයම් බල්ලන් දෙස බලා අසුරක් ගැසුවා.
හොඳින් පුහුණුව ලත් ඒ දඩයම් බල්ලෝ සැණෙකින්
පඳුරකට රිංගා පපුවෙන් දිගා වුණා. බල්ලන් සැඟවී හුන්
පසු, තමා ළග තිබූ දුනු ඊ ආදිය රුක අසල තබා, පියවර
හඬවත් නොනගා, සෙමෙන් සෙමෙන් ඔවුන්ට ළං වුණා.
ඔවුන් එතරම් හඬන්නේ මන්දැයි ඇසුවා." යි පවසා

භාග්‍යවතුන් වහන්සේ මේ ගාථාවන් වදාළා.

01. පෙර බරණැස හල්ලාටිය නමින් රජෙක් උන්නා
    රජකම අත්හැර ඔහු දදමසට ම පෙම් බැන්දා
    කඳු අතර උතුම් ගන්ධමාදන පව්වටත් නැග ගත්තා
    පිපුණ මලින්, කිඳුරන්ගෙන් ගැවසී ඇති හැටි දැක්කා

02. දඩයම් බල්ලන් වළකා, පසෙකින් සඟවා තබා
    දුනු හියවුරු ආදියත් ඒ රුක අසලින් තබා
    පියවර හඬ නොඑන ලෙසින් හෙමිහිට ළං වෙලා
    කිඳුරන් සිටි තැනට එදා හල්ලාටිය ගියා

03. හිම වැටෙනා කල නිම වූ විට, හිමවත ගං ඉවුරේ
    මෙහි ඉන්නා තොප නිතරම,
    මොනවාදෝ දොඩන්නේ?
    මිනිසුන්ගේ හැඬරුව ඇති තොපෙනි මෙය අසන්නේ
    මිනිසුන් වන අප කෙසේද තොපගැන දැනගන්නේ?

රජතුමාගේ වදන් ඇසූ කිඳුරා නිශ්ශබ්ද වුණා. කිඳුරිය රජුට පිළිතුරු වශයෙන් මේ ගාථාව කීවා.

04. මිතුරු වැද්ද,
    මල්ල, පණ්ඩරක, ත්‍රිකූට යන පර්වත අතරේ
    සිහිල් දිය ගලනා මේ නදී දිය ඇසුරේ
    මිනිස් සිරුරු ඇති නමුත් අපට සතුන් අතරේ
    කිඳුරන් ය කියා අමතන බව දැනගත මැන මිතුරේ

හල්ලාටිය රජතුමා :-

05. අනේ තොප වැලපෙන්නේ,
    මහා දුකකට පත්වෙලා වාගේ

ආදරවන්තයා ආදරිය වැළඳ ඉන්නේ
මිනිස් සිරුර වැනි කය ඇති තොපෙන් අසන්නේ
ඇයි ද මේ මහවනේ දුකින් හඬමින් ඉන්නේ?

06. අනේ තොප වැලපෙන්නේ,
මහා දුකකට පත්වෙලා වාගේ
ආදරවන්තයා ආදරිය වැළඳ ඉන්නේ
මිනිස් සිරුර වැනි කය ඇති තොපෙන් අසන්නේ
ඇයි ද මේ මහවනේ විලාප දෙමින් ඉන්නේ?

07. අනේ තොප වැලපෙන්නේ,
මහා දුකකට පත්වෙලා වාගේ
ආදරවන්තයා ආදරිය වැළඳ ඉන්නේ
මිනිස් සිරුර වැනි කය ඇති තොපෙන් අසන්නේ
ඇයි ද මේ මහවනේ මෙතරම් සෝක කරන්නේ?

කිඳුරෝ :-

08. අනේ වැද්ද, හරි විපතක් සිදුවුණා නෙ අපට
වෙන් වෙන්ට අකැමති අපටත්,
සිදු වුණා නෙ වෙන් වෙන්ට
දෙන්නා දෙතැනක තනි වී රැය ගෙව්වා එළි වෙන්ට
එය යළි කිසිදා බෑ තොවැ අපට හරිගස්සන්ට
ඒ ගැන සිතා ය අපි මේ තරම් හඬන්නේ

හල්ලාටිය රජතුමා :-

09. හනේ හපොයි තනිව විසූ එක් රැයකට මේ තරම්
හඬමින් වැලපී සිටින්ට කරුණු තිබේ ද කොතරම්
ධනය වැනසුණා දෝ? පියා මිය ගියා දෝ?
මිනිස් කයේ හැඩරුව ඇති තොපෙන් අසමි මම

එකිනෙකා නොදැක වෙන් වෙන්ට,
වුණේ ඇයි ද කියාපං

කිඳුරා :-

10. මහ සැඩපහරින් ගලනා නදිය ඔයා දැක තියේ ද?
 උස් කඳු දෙක අතරින් එය වේගෙන් බසිනවා නේද
 දෙපස තුරුලතා පඳුරින් හොඳින් වැසී තියේ නේද
 එදා මේ කිඳුරී මා පසුපසින් ඒ ය කියා සිතා
 මහවැස්සේ අනේ මාත් සැඩපහර බිඳ ගොඩ වුණා

කිඳුරී :-

11. මං එතකොට අශෝක මලුත් කෝඳු මලුත්
 සත්පෙති දෑසමන් මලුත් නෙළමින් සිටියේ
 මයෙ ප්‍රියාට මල්මාලා පළඳවන්ට ඕන වුණා
 මමත් මාලා ගොතා එයා ළඟට යන්ටයි සිතුවේ

12. ඉතින් තවත් රත් කරවි, ඇහැළ, පලොල් මල්
 නික මලුත් යහමින් නෙළමින් උන්නා
 මයෙ ප්‍රියාට මල්මාලා පළඳවන්ට ඕන වුණා
 මමත් මාලා ගොතා එයා ළඟට යන්ටයි සිතුවේ

13. මල් පිපී පිරී ගිය සල්රුකට වෙලා මං
 ලස්සනට මල් මාලයක් ගොතමින් සිටියා
 මයෙ ප්‍රියාට මල්මාලා පළඳවන්ට ඕන වුණා
 මමත් මාලා ගොතා එයා ළඟට යන්ටයි සිතුවේ

14. මල් පිපී පිරී ගිය සල්රුකට වෙලා මං
 ලස්සනට මාලයක් බරට හදමින් සිටියා
 මයෙ ප්‍රියාට මල්මාලා පළඳවන්ට ඕන වුණා
 මමත් මාලා ගොතා එයා ළඟට යන්ටයි සිතුවේ

15. ඇයි ඉතින් අගිලුත් සඳුනුත් ගලේ උලා
සඳුන් කල්ක තනන්ට වෙලා ගත් නිසා
තව ගොඩක් පමා වුණා නොවැ එදා
මයෙ ප්‍රියා මේ සඳුන් කල්ක ගත තවරා ගනීවියි කියා
මටත් තව කල්ක ඕනෑ කියා සිතුවා

16. එදා මහා වේගයෙන් නදියේ දිය ගලා බැස්සා
රැස් කළ සල් මල්, සඵල කිණිහිරි මල්
අනේ ඒවා ඔක්කොම දිය කඳින් ගසා ගියා
මොහොතයි ගියේ නදියේ දිය උඩට ම පිරී ගියා
අයියෝ එදා මට එතෙර වෙන්ට බැරි වුණා

17. මෙයා එතෙර ඉදන් මා දිහා බලා සිටියා
මාත් මෙතෙරට වී එයා දෙස බලා සිටියා
දෙතැන සිට අපි දෙන්නා දෙස බලා හිනෑහුණත්
ළං වෙන්ට බැරි නිසා දෙතැන ම හඬ හඬා සිටියා
හයියෝ ඒ රය ගෙවුණ හැටි හරි නපුරුයි

කිඳුරා :-

18. ඉතින් පසුදා උදේ හිරු නැගී ආ විට
සැඬපහරත් හෙමින් අඩු වී ගියා නදියේ
අපි එතෙර වී එකිනෙකා වැළඳ ගත්තා
ළං වූ නිසා හිනෑහුණා, වෙන් වූ නිසා හැඬුවා

19. මින් සත්සිය වසරකට තුන් අවුරුද්දයි අඩු
පෙර දිනක අපට වූ මහ විපත වෙන්වීමයි
රජුනි, තොපට ආයුෂ දැන් සියක් වසරකි
මෙතරම් සුළු කලක් දිවි ගෙවන තොප
ප්‍රිය බිරිඳ අත්හැර කොහොමද මෙසේ ඉන්නේ?

හල්ලාටිය රජතුමා :-

20. කිදුරු මිතුරනි, දැන් තොපට වයස කීයද?
    දන්නවා නම් තොප එය මට කිව මැනව
    මාපියන්ගෙන් හෝ අන් කිසිවෙකුගෙන් හෝ
    අසා ඇත්නම් එය, කම්පා නොවී කිව මැන

කිදුරෝ :-

21. අපට දහසක් වසරක ඉන්ට ආයුෂ තියෙනවා
    මෙතෙක් කලකට දරුණු විපතක් වුණෙත් නෑ
    දුක ටික නමුත් සැප නම් බොහෝ තියෙනවා
    හැබැයි අපි එකිනෙකා වෙන් නොවී ආදරයෙන්
    ජීවිතේ නිමා වන තුරු එක් වෙලා වසනවා

මෙය අසා හල්ලාටිය රජ කල්පනා කරන්ට පටන්
ගත්තා. 'හපොයි... මේ උදවිය තිරිසන් ආත්මයක ඉපිද
සිටියදී පවා එක් රැයක් වෙන් වෙන්ට සිදුවීම නිසා
සත්සිය වසරක් තිස්සේ තාමත් හඬමින් ඉන්නවා. මං
මේ වෙනෙක මොනාද කරන්නේ? මහා රාජ්‍යයක් හැර
දමා තිස් යොදුනක් දුර ගෙවා වනයක ඇවිත් මොකක්ද
මේ ගෙවන ජීවිතේ? අහෝ... මා අතින් කෙරී තියෙන්නේ
නොකළ යුත්තක් ම යි' යි සිතා නැවත කන්දෙන් පහළට
බැස වනයෙන් නික්ම ඇවිත් බරණැසට ආවා. දානාදී
පින්කම් කරමින් තමාත් සුවසේ වාසය කළා.

"දේවයන් වහන්ස, නුඹවහන්සේ හිමාලයේ සිටියදී
දුටු අසිරිමත් කිසිවක් තියේ ද?" යි ඇමතිවරු දිනක්
ඇසුවා. එයට පිළිතුරු වශයෙන් කී කරුණ ගාථා වශයෙන්
මෙසේ සඳහන් වේ.

22. කිදුරන්ගේ බස් අසා හල්ලාටිය රජුට වැටහුණා
    මිනිසුන්ට දිවි ගෙවන්ට ඇත්තේ
    ඉතා ටික කලකි මෙලොවේ
    මුව දඩයම් නවතා හැරී ගොස් බරණැස
    දන් පැන් දුන්නා, තමනුත් හොඳට කෑවා

හල්ලාටිය රජතුමා :-

23. මිනිසුන් නොවූ කිදුරන් මට කීවා මෙවදන්
    අසා තුටු වවි තොපත් එවදන්,
    සණ්ඩු සරුවල් නොකරවි
    එක් රයක් වෙන්වීම නිසා,
    කිදුරෝ බොහෝ තැවෙනවා
    එලෙසින් තොපත් පවි කොට,
    එසේ තැවෙන්ට නම් එපා!

24. මිනිසුන් නොවූ කිදුරන් මට කීවා මෙවදන්
    අසා තුටු වවි තොපත් එවදන්, වාද විවාද නොකරවි
    එක්රයක් වෙන්වීම නිසා,
    කිදුරෝ බොහෝ තැවෙනවා
    එලෙසින් තොපත් පවි කොට,
    එසේ තැවෙන්ට නම් එපා!

භාග්‍යවතුන් වහන්සේ විසින් ඔවුන්ගේ පෙර ආත්මය පිළිබඳ කතාව වදාළ පසු මල්ලිකා දේවිය අසුනින් නැගිට භාග්‍යවතුන් වහන්සේට වන්දනා කොට, ස්තුති ප්‍රශංසා වශයෙන් මෙය කීවා.

25. නොයෙක් කරුණින් සැරසූ, අරුත් රස වැගිරී යන
    අපේ පෙර ආත්මය ගැන නුඹවහන්සේ විසින්

දෙසා වදහළ මිහිරි බණ ටික අසා
අනේ සමිඳුනි, මා සිත බොහෝ සුවපත් වුණා
ඇසුමට ඉතා මියුරු ය, මා සිත සෝ දුරු වුණා
දෙව් මිනිස්නට සැප සදාලන, ලොවේ දම්රජාණෙනි,
බොහෝ කල් වැඩසිටිනා සේක්වා!

භාග්‍යවතුන් වහන්සේගේ දහම් කතාව අසා කොසොල් රජු තුළ මල්ලිකා දේවිය ගැන තිබූ අමනාපය දුරු වුණා. නැවතත් සමගි ව වාසය කළා. එදා කිඳුරු ව සිටියේ කෝසල නිරිඳා. කිඳුරිය ව සිටියේ මල්ලිකා දේවිය යි. හල්ලාටිය රජ ව සිටියේ මා ය” කියා භාග්‍යවතුන් වහන්සේ මේ හල්ලාටිය ජාතකය නිමවා වදාළා.

09. සෝමනස්ස ජාතකය

සෝමනස්ස බෝසත් කුමරාගේ කතාව

පින්වතුනේ, පින්වත් දරුවනේ,

දෙව්දත් විසින් භාග්‍යවතුන් වහන්සේගේ ජීවිතය විනාශ කිරීම පිණිස නොයෙක් උපකුම කළ බව ඔබ දන්නවා. මේ ජාතකය වදාළ දිනවල භාග්‍යවතුන් වහන්සේ වැඩවාසය කොට වදාළේ සැවැත් නුවර ජේතවනයේ. එදා දම්සභා මණ්ඩපයට රැස් වූ හික්ෂු සංසයා භාග්‍යවතුන් වහන්සේ කෙරෙහි දෙව්දත් තුළ පැවති වධක චිත්තය පිළිබඳව සංවේගයෙන් කතා කරමින් සිටියා. ඒ අවස්ථාවේ භාග්‍යවතුන් වහන්සේ එතැනට වැඩම කොට වදාළා. හික්ෂූන් වහන්සේලා තමන් කතා කරමින් සිටි කරුණ භාග්‍යවතුන් වහන්සේට සැළකළා. "මහණෙනි, මාගේ ජීවිතයට හානි කරන අදහස දෙව්දත් තුළ ඇතිවූයේ මේ ආත්මයේ පමණක් නොවේ. පෙර ආත්මයේදීත් එහෙම තමයි. එය ඔහුගේ හැටි." යි පවසා මේ අතීත කතාව ගෙනහැර දක්වා වදාළා.

යටගිය අතීතයේ කුරු රට පංචාල නුවර රේණු නම් රජෙක් රාජ්‍ය විචාරමින් සිටියා. එකල මහාරක්බිත නම් තවුසෙක් පන්සීයක තවුස් පිරිවර සමග හිමාලයේ වාසය කළා. එක් කලෙක ඔවුන් ලුණු ඇඹුල් සෙවීම පිණිස

වාරිකාවේ හැසිරෙමින් යන අතරේ කුරු රට පංචාල නුවරටත් ආවා. ඇවිත් රජ්ඣයනේ වාසය කළා. පසුවදා මහ තාපසයා පිරිවර සහිතව රජමැදුරට පිඬු සිඟා ගියා. තවුසන්ගේ ශාන්ත ඉරියව් දුටු රජතුමාට ඉතා සතුටුයි. ඉක්මනින් මාලිගයේ උඩුමහලට කැඳවා, අසුන් පනවා, ප්‍රණීත ආහාරපානාදියෙන් සතපවා "ස්වාමීනී, මේ වස් කාලයේ වෙන කොහේවත් වඩින්ට ඕනැන්නේ නෑ. අපගේ උයනේ වැඩඉන්ට. දන්පැන් පිදීම ආදිය මට භාරයි." යි කියා නවත්වා ගත්තා.

එතැන් පටන් උයනේ නැවතුණු තවුසෝ රජගෙදරට ගොස් දන් වළඳිනවා. ඒ රජතුමාට දරු සම්පත් තිබුණේ නෑ. අන්තඃපුර බිසවුන් හට දරුවෙකු පතන්ට කීවත් පලක් වුණේ නෑ. වස් කාලය නිමා කළ මහාරක්ඛිත තවුසා රජු මුණගැසුණා. "මහරජ, අපට නම් හිමාලයේ වාසය තමයි ඉතා ප්‍රිය. රමණීය වනය නොවැ." යි කියා රජුගේ සත්කාර සම්මාන මැද පිරිසත් සමග නික්මුණා. එසේ යන අතරමග මහා දහවල, මගින් බැහැර ව, හොඳින් සෙවණ පැතිරුණු නුගරුක් සෙවණක තණගොල්ලේ පිරිස විවේකී ව සිටියා.

එහි සිටි තවුසන් අතර මේ කතාව ඇතිවුණා. "අනේ බලන්ට තවුසනි, අපගේ රජ්ජුරුවන්ට තමුන්නේ රාජපරපුර පවත්වන්ට පුත්‍ර සම්පතක් නෑ නොවැ." එතන හුන් මහාරක්ඛිත තාපසයන්ට, රජතුමාට පුත්‍රලාභයක් තියේ ද නැද්ද කියා විමසා බලන්ට සිතුණා. එසේ විමසා බලද්දී එය ඉටුවන බව දැක්කා. දැක තවුසන්ට මෙය කීවා. "තවුසනි, ඒ ගැන එතරම් සිතන්ට ඕනැන්නේ නෑ. අද ‍රෑ එළිවෙන ජාමේ එක්තරා පින්වත් දේවපුත්‍රයෙක්

දෙව්ලොවින් චුත ව අගමෙහෙසිය කුස පිළිසිඳ ගන්ට නියමිත යි.”

එතැන සිටි එක් කෙරාටික තවුසෙක් එය අසා සිටියා. 'හරි... දැන් මට මේ කරුණ රජ්ජුරුවන්ට දැනුම් දී මිතුරුකොමක් ඇතිකරගන්ට ඇහැකි.' යි සිතා තවුසන් නැවත ගමනාරම්භ කරන වේලේ, තමන් අසනීපයෙන් ඉන්නා නිසා ඔවුන් හා එන්ට බැරිය කීවා. මහාරක්ඛිත තවුසා මොහුගේ කපටි අදහස තේරුම් ගත්තා. “මහ්... හොඳා... එහෙනම් තොපට සුවපත් වූ විට එන්ට ඇහැකි නොවැ.” යි පවසා තවුස් පිරිස හා හිමාලය බලා පිටත් වුණා.

තවුසන් පිට ව ගිය පසු කපටි තවුසා වහා නැගිට ඉක්මනින් රජමැදුර කරා නැවත ගියා. රජදොරටුව වෙත ගොස් “මහාරක්ඛිත තවුසාගේ උපස්ථායක තවුසෙක් නැවත හැරී ඇවිත් ඉන්නවා” ය කියා දැනුම් දුන්නා. රජතුමාත් වහා ඔහු කැඳෙව්වා. එතකොට කුහක තවුසා රජු බැහැදැක අසුන් ගත්තා. රජතුමා තවුසාට වැද “ස්වාමීනි, අසනීපයක් වුණාවත් ද ඉක්මනින් ආපසු වැඩියේ?” “මහරජ, අපි යමින් ගමන සිහිල් රුක් සෙවණක සුවසේ විවේකයෙන් ඉන්නා අතරේ තමුන්නාන්සේට පරම්පරාව ගෙනියන පුත්‍රුවනක් ලබන්ට අවස්ථාවක් තියේ ද කියා කතා වුණා. ඉතින් මාත් ඒ කතාව සිතට අරගෙන හිටං මයෙ දිවැස් නුවණ යොමු කරලා හොඳාකාරව විමසා බැලුවා. බැලින්නම් මහරජතුමනි, තමුන්නාන්සේගේ සුධර්මා අගමෙහෙසිය කුසෙහි මහා ඉර්ධිමත් දිව්‍යපුත්‍රයෙක් පිළිසිඳ ගන්නා වගක් පෙන්නුම් කොළා නොවැ. ඒ උතුම් දරු සම්පත රකගන්ට ය කියා

තමුන්නාන්සේට සැලකොරන්ටයි මං තකහනියක් ආවේ. හරි... ඉතින් මහරජ, මං පැමිණි කාරණාව හමාරයි. දැන් මං යන්නෙං."

"හාපෝ ස්වාමීනී, එහෙම යන්ට දෙන්ට බෑ. මට අත්‍යන්තයෙන් ම චිත්ත සන්තෝෂය ඇතිකොට වදාළේ තමුන්නාන්සේ නොවැ. අනේ අපගේ උයනේ වැඩඉන්ට. උපස්ථාන කිරීම මට හාරයි." එදා පටන් කුහක තවුසා රජගෙදරින් දන් වළඳිනවා. දිවැස්ලාභී තාපසයා කියා හැමතැන ම ඔහු ප්‍රසිද්ධ වුණා. තව්තිසා දෙව්ලොවින් චුත වූ මහබෝධිසත්වයෝ සුධර්මා අගමෙහෙසිය කුස පිළිසිඳ ගත්තා. අලුත උපන් පුත්කුමරාට සෝමනස්ස යන නම තැබුවා. දැන් කුමරාත් සියලු රජසැප මැද වැඩෙනවා.

කුහක තාපසයා රජුයෙන් එක්‍ෂෙක ගොවිපළක් පටන් ගත්තා. ආහාරයට ගත හැකි නොයෙක් හෝග වර්ග වගා කළා. සියතින් ම විකුණුවා. ධනය රැස් කරන්ට පටන් ගත්තා. සෝමනස්ස කුමාරයාට සත්වසරක් වූ කල රජුට අයත් පසල් දනව්වක කැරැල්ලක් හටගත්තා. එතකොට රජතුමා දිවැස්ලාභී තවුසා යැයි ප්‍රසිද්ධ මේ කුහක තවුසා වෙත කුමරා භාර දී 'කැරැල්ල සංසිඳුවා එන්නෙම්' යි කියා පිටත් ව ගියා.

දවසක් දා සෝමනස්ස කුමාරයා උයනට ගියා. එතකොට තවුසා එක් කසාවතකින් කැහැපට ගසාගෙන, තවෙකක් කරේ දමා, අත් දෙකෙන් දිය කළගෙඩි දෙකක් ඔසොවාගෙන අවුත් එළවළ පාත්තිවලට ජලය දමමින් සිටියා. එය දුටු කුමාරයා 'ඕහ්... මේකා කපටි තවුසෙක්. පැවිදි දම් පුරනවා ය කියා, දිවැස්ලාභී ය කියා ලොව

මුළා කොට, එළවළු වගාකොට විකුණනවා නොවැ.' යි දැන "එම්බා එළවළු වවන ගෘහපතිය, කුමක්ද ඔය කරමින් සිටින්නේ?" යි ලැජ්ජා කොට ඔහුට නොවැද ම නැවත හැරී ගියා.

කුහක තවුසා සත් හැවිරිදි කුමාරයාගේ කතාවට පුදුමයෙන් දෑස් ලොකු කොට බලා සිට 'හහ්... මේකා දැන් ම මෙහෙම නම් පස්සට කුමක් කරාවි දැයි කවුද දන්නේ. දැන් ම මරවන්ට ඕනෑ.' යි සිතුවා. කැරැල්ල සංසිඳවූ රජ ආපසු එන බව අසා, භාවනාවට වාඩිවෙන ගල් පුවරුව පසෙක විසිකොට, පැන් කළය බිඳ දමා, කුටිය පුරා තණකොළ විසුරුවා, තම සිරුරටත් තෙල් ගාගෙන, කුටියට පිවිස හිසත් පොරවාගෙන බිම වැදහොත්තා.

රජතුමා නගරය පැදකුණු කොට රජමැදුරට නොගොස් 'මං පළමුව ගොහින් අපගේ දිවැස්ලාභී තාපසින්නාන්සේව බැහැදකින්ට ඕනෑ' යි සිතා කුටිය ඉදිරියට ගොස්, සිදු වී ඇති විපුකාරය දැක "ඔහ්... මේ කුමක් වුණා දැ" යි කියමින් කුටිය තුළට ගොස්, තාපසයන් වැද ඔහුගේ පා පිරිමදිමින් මේ ගාථාව කීවා.

01. අහෝ තවුසාණෙනි, කිම ද මේ වූයේ?
    කවුද තොපට මේ හැටි පහර දුන්නේ?
    කවුද තොපට ආකෝශ පරිභව කළේ?
    ඇයි ද සිතට දුක් ගෙන සෝකයෙන් මෙතරම්?
    කාගේ මව්පියෝ හඬත් ද මේ ගැන?
    කවුරුවත් නැසුණා ද, බිම වැතිරී නිදන්නේ තොප?

එතකොට තවුසා කෙඳිරි ගාමින් ඉතා අපහසුවෙන් නැගිට මේ ගාථාව කීවා.

02. ම්... ආහ්... අනේ රජුනි, මෙහි වැඩියා නොවැ තොප
කොතරම් දෙයක් ද කලෙකින් හෝ දුටු එක
රේණු රජුනි, බලන්ට මා ගතිගුණ අහිංසක
තොප පුතු මෙහි ඇවිත්, මට හොඳටම තලා පෙලා
බොහෝ දුක් පීඩා දුන්නා නොවැ අහෝ!

එය ඇසූ රේණු රජ කෙතරම් කෝපයට පත් වූවා
ද යත්, සෝමනස්ස කුමරා තමාගේ පුත් කුමරු වග
පවා අමතක වුණා. පුත් කුමරුට වධ නියම කරමින් මේ
ගාථාව පැවසුවා.

03. පලයව් දැන් ම කඩු බැඳගත් දොරටුපාලයනි,
සොරු මරන වධකයනි, පලයව් දැන්ම අන්තඃපුරයට
අල්ලාගෙන ඒ සෝමනස්ස කුමරු
හිස ගසා මෙහි ගෙනෙව එකාගේ උතුම් හිස

04. වධකයෝ කඩු ගෙන ගියා අන්තඃපුරයට
රජුගේ නියෝගය කීවා සොමිනස් කුමරුට
අහෝ රජකුමර, රජතුමා කිපුණා නොවැ තොපට
තොපව අත්හැරියා, හිස ගසන්ට නියම කළා

එය ඇසූ සත් හැවිරිදි සොම්නස් කුමාරයා මහත්
බියට පත්ව මරණභයින් තැතිගත්තා. හඬමින් වධකයන්ට
වැඳගත්තා.

05. මරණ භයෙන් තැතිගත් කුමරා
දසැඟිලි එක්කොට වධකයින්ට වැන්දා
අනේ මං රජු දකින්ට කැමතියි
මාව පණ පිටින් රජුට ගොස් දක්වව්

06. වධකයෝ කුමරුගෙ බස් අසා
ගෙනගොස් රජුට පෙන්නුවා

පුත් කුමරා දුරදී ම පියරජුන් දැක මෙය කීවා

07. අනේ මහරජුනේ, කඩු ගත් දොරටුපාලයෝ
සොරුන් මරනා වධකයෝ මා ළඟට ආවා
මා කළ වරද කිමැයි නොදනිම්
අහෝ එය කුමක්දැයි කිව මැන

කිපුණු සිතින් යුතු රජතුමා "හහ්... තොප කළ වරද ඒ...? තොපගේ වරද මහා බරපතලයි. මහා නීචයි." කියා මේ ගාථාව කීවා.

08. බලාපිය ඒ දිවැස්ලාභී මහා සෘෂිවරයා
උදේ සවස දියේ බැස පව් සෝදා හරිනවා
නොපමා ව හැමවිට ම ගිනිදෙවිත් පුදනවා
ඉඳුරන් ද සංවර ව උතුම් බඹසර රකිනවා

එතකොට කුමාරයා "අනේ එහෙනම් දේවයන් වහන්ස, මා කියනා කරුණත් අසා වදාළ මැනව." යි මේ ගාථාව කීවා.

09. රජුනි, මොහු ළඟ තල්, අල, ගෙඩි ජාති තියෙනවා
එළවළ කොරටුවත් පලා වර්ගත් තියෙනවා
නොපමාවෙන් ම ඔහු සියලු වස්තුව රකිනවා
එනිසා ය මා ඔහුට ගිහියා ය කීවේ

අනේ දේවයෙනි, නුඹවහන්සේගේ කුලුපග තවුසා එළවළ කොරටුවක් වවාගෙන සරුවට විකුණනවා. එයට නම් අප්‍රමාදී යි. මං ඒ කරුණ නිසයි නුඹවහන්සේගේ තවුසාට ගිහියා කීවේ. ඉදින් නුඹවහන්සේ මා බස නොඅදහන සේක් නම්, සිව් දොරටුව ළඟ සිටින පලා වෙළෙන්දන් ගෙන්වා ඇසුව මැනව."

එතකොට රජතුමා පලා වෙළෙන්දන් ගෙන්වා ඇසුවා. "එසේය දේවයන් වහන්ස, දැන් කලක පටන් අපි මෙයාගෙන් තමයි අල, පලා, ගෙඩි වර්ග අරගෙන විකුණන්නේ. මේ තියෙන්නේ තවුසාගෙන් මිලට ගත් ඒවා." කියා ගත් බඩු පවා පෙන්නුවා. තවුසාගේ කුටියට ගිය කුමාරයා පිරිසට පලා විකුණා රැස් කළ රන් මසු පොදියකුත් ගෙනවුත් රජුට පෙන්නුවා. එතකොට රජතුමාට සෝමනස් කුමරුගේ නිර්දෝෂි බව වැටහුණා.

10. කුමරුනි, තොප පැවසුවේ ඇත්තක් බව දැන් පෙනේ
    මොහු ළඟ නොයෙකුත් දේපළ රැස් කොට ඇතේ
    නොපමාවෙන් ඒවා නම් යහතින් සුරකිනු පෙනේ
    එනිසා තවුසෙක් නොව මොහු,
    ගිහියෙක් බව නම් පෙනේ

එතකොට සෝමනස් කුමාරයා මෙය සිතුවා. 'අයියෝ... මේ තරම් අඥාන රජෙකු ළඟ මං වාසය කිරීමෙන් කවර සෙතක් ද? මීට වඩා උතුම් හිමවතට ගොහින් පැවිදි වෙන එක. මං පිරිස මැද්දේ ම කරුණු කියා පැවිද්දට අවසර ගෙන අද ම ගිහිගෙය අත්හරිනවා.' යි මෙය කීවා.

11. නියම්ගම් දනව්වැසි මේ සියලු අය අසත්වා!
    අනුවණ ය මේ රජතුමා, බාලයෙකුගෙ බස ඇසුවා
    සිය පුත්කුමරු මරන්ට, නිකරුණේ මොහු අණකළා

12. දැඩි ලෙස මුල් පැතිරුණු, පදුරු ගසා වැඩෙනා
    උණ පදුරකින් ගසක් ගැලවීම ලේසි නැත
    එනිසා රජුනි, මං වඳිම් තොප පා යුග
    පැවිදි වෙන්ට යාමට දැන් දුන මැනවි මට අවසර

පුත් කුමරුගේ වදන් අසා රජතුමා මේ ගාථාවන්
කීවා.

13. කුමරුනි, මෙහි වස්තුව රජ සැප ඕනෑතරම් ඇත
     ඒ හැම යස ඉසුරු මම පවරා දෙමි තොපට
     අද ම මේ කුරු රටේ තොප මහරජා වනු ඇතේ
     එපා පැවිදි වෙන්ට පුතේ, එහි බොහෝ කරදර තිබේ

සොම්නස් කුමරු :-

14. රජුනි, තොපට තිබෙනා මේ මොනවාද රජසම්පත්?
     පෙර භවයේ මං දෙව්ලොව සිටියවිට සිත සතුටින්
     රූප ශබ්ද රස සුවඳත්, ලැබුවා දේව පහසත්
     දෙව්සැප විඳිමින් සිටයි මනුලොවට මං ආවේ

15. දෙව්ලොව සිටි කාලේ වින්දෙමි එහි දෙව්සැප
     දෙව්ලියන්ගේ ගී මැද විසුවෙමි සිත සතුටින
     අනුන් විසින් පොළඹන තොප වැනි බාලයෙකු ළඟ
     රජමැදුරක වුණත් මම නම් මෙහි නොවසමි

රජතුමා :-

16. අනුන් විසින් පොළඹන බාලයෙක් නම් මම පුත,
     මගේ ඒ තනි වරදට සමාව දෙනු මැන මට
     මගේ සොම්නස් කුමරුනි, යළි මං කළොත් වරදක්
     එදාට තොප රිසි දෙය කිරීමට අවසර දෙමි

සොම්නස් කුමරු :-

17. නුවණින් විමසා නොබලා කරයි නම් යමක්
     සසඳා නොබලා සිතින්, කරයි නම් යමක්
     බොහෝ වැරදුණ විට එයින් ලැබෙනා
     එලය ද ඉතා නපුරු ය

18. නුවණින් විමසා බලා කරයි නම් යම් දෙයක්
සසඳා බලමින් සිතින්, කරයි නම් යම් දෙයක්
බෙහෙතකින් සුවපත් වන ලෙස
එයින් ලැබෙනා එලය ද ඉතා සොඳුරු ය

19. කම්සුව විදින ගිහියා කම්මැලි වීම නොහොබී
ඉඳුරන් අසංවර නම් පැවිද්දාට එය නොහොබී
නොවිමසා තීරණ ගන්නා රජාටත් එය නොහොබී
යම් නුවණැතියෙක් ක්‍රෝධ කරයි නම්
ඔහු හටත් එය නොහොබී

20. රජෙක් නම් නුවණින් විමසා
සොයා බලා ම යි තීරණ ගත යුතු
නුවණින් නොවිමසා කටයුතු කිසිසේත් නොකළ යුතු
නුවණින් විමසා තීරණ ගන්නා රජුගේ
කිතු යසගොස දස දිග පැතිරේ

21. අන් අයට දඬුවම් නියම කරන්ට කලියෙන්
රජා කළ යුත්තේ එය නුවණින් විමසීම යි
නොවිමසා වහා කළ දඬුවම උපදවයි පසුතැවීම
නුවණින් මෙනෙහි කොට කරන දෙය යහපත් ය
පසු කලෙක තමාහට එයින් පසුතැවීම නුපදවයි

22. ලොවේ සිටිනා අය මෙසේ නුවණින් විමසා බලා
කළයුතු නොකළයුතු දේ දැන කරත් නම්
නුවණැත්තනුත් පසසන, සැප විපාකත් ලැබ දෙන
වැසියන් ද අනුමත කරන දේ වේ ඒ හැම
නොතැවී පසුවට එයා, සැපය ම ලබාගන්නවා

23. කඩු ගත් දොරටුපාලයෝ, සොරුන් මරනා වධකයෝ

ආවා නොවැ මා වෙත, රජුනි, ඒ මා මරන්ට ය
මව් ඇකයේ සිටි මා ඔවුන් වහා ඇදගත්තා

24. ඉතා බලවත් දුකකට පත්වුණා නොවැ මා
දුකසේ අද මරණයෙන් නිදහස ලැබගතිමි මම්
මිහිරි දිවිය මට ප්‍රිය වූ, ලැබුවෙමි අද මම්
පැවිදි වෙන්ට ම යි සිත, ගිහිගෙයින් කම් නැත

එතකොට රජතුමා සුධර්මා දේවී අමතා මේ ගාථාව
පැවසුවා.

25. දේවී සුධම්මා තොප, දැක්කා නොවැ මේ තතු
මා සොම්නස් පුතු, නිති අනුකම්පා ඇතියෙකි
එනමුදු මා ඉල්ලන දෙයට ඔහු අවනත නැත
තොපවත් මේ කුමරුගෙන් ඉල්ලව ගෙදර වාසය

සුධර්මා දේවිය පුතුගේ පැවිදි බවට ම උත්සාහවත්
කරවමින් මේ ගාථාව කීවා.

26. පිඬු සොයා හැසිරෙන වත පැවිද්දෙකු හට ඇත
පුත, තොප එය ම සිත රඳවා පැවිදි ව සිට
නුවණින් විමසා දහමේ හොඳින් හැසිරෙනු මැන
සියලු සත්වග වෙත පතුරුවාගෙන මෙත් සිත
නින්දා නොලබන බඹලොව යනු මැන අදරති පුත

බිසොවගේ වදන් ඇසූ රජ විස්මයට පත්ව මේ
ගාථාව කීවා.

27. ඇයි ද සුධම්මා, තොප වැඩි කළේ මා සිත දුක?
ගිහි ගෙයි විසුමට පුතා පොළඹවන්ට කී බස
තී වැඩියක් ම බරකොට පැවිද්දට ම පොළඹුවා
තිගේ ඔවදන් බස් අසා මාත් පුදුමයට පත්වුණා

සුධම්මා දේවී :-

28. රාගාදි කෙලෙසුන්ගෙන් මිදිගිය සිත් ඇති
    නිවැරදි බොජුන් බුදිනා, උතුම් පැවිද්දෝ සිටිති
    පිරිනිවනින් සැනසෙන, ඔවුන් හැසිරෙති ලොවේ
    ඒ උතුමන් ගත් මග, යන මගේ පුතු දැක
    මම නම් පුතු ගත් මග, නොවළක්වමි කිසිවිට

රජතුමා :-

29. අනේ සුධම්මා තී කීවාය යහපත් වදන්
    පුතුගෙ උතුම් බස් අසා, තිගෙ සිතත් සුවපත් වුණා
    ගිහිගෙයි පුතු රදවන සිත තොපේ නැති වුණා
    යමෙක් නැණවතුන්ගේ දහම් දැනගෙන බොහෝ සේ
    වසත් ද සැනසිලි සිතින්, ඔවුන් ඇසුරත් වේ උතුම්

සෝමනස් කුමරා දෙමාපියන් වැද "ඉදින් මාගේ දොසක් ඇත්නම් කමා කළ මැනව." යි කියා සමාව ගෙන මහජනයා දෙසටත් වැද හිමවත් පෙදෙස බලා පිටත් ව ගියා. නුවරවැසියෝ ඔහු පසුපසින් ගොස් හඬමින් නැවතුණා. ගිහි දිවිය අත්හළ සත් හැවිරිදි කුමාරයාගේ රැකවලට දෙවියෝ මිනිස් වෙසින් ඉදිරිපත් වුණා. හිමාලයේ පර්වත වලල්ල සත ඉක්මවා ගොස් ඈත වන පියසට පැමිණෙව්වා. විස්කම් දෙවිපුතු රමණීය පෙදෙසක කුටියක් මවා දුන්නා. සෝමනස් කුමරා සෂි පැවිද්දෙන් පැවිදි වුණා. දොලොස් වසරක් ලබනතුරු ළදරු සෂිතුමාට රජපවුලේ සෑතින්ගේ වෙස් ගත් දේවතාවෝ උවටැන් කළා. සෝමනස් කුමරු නසන්ට වෑයම් කළ කපටි තවුසා කෙරෙහි කිපුණු මහජනයා ඔහුට පහර දීම නිසා ජීවිතක්ෂයට පත්වුණා. සෝමනස් තවුසා

ධාාන අභිඥා උපදවාගෙන වාසය කොට මරණින් මතු බඹලොව උපන්නා.

"මහණෙනි, දෙව්දත් පෙරත් ඔහොම තමයි. මා නසන්ට වෑයම් කොට තියෙනවා. එදා කුහක තවුසා ව සිටියේ දෙව්දත්. සුධම්මා දේවිය ව සිටියේ මහාමායා බුද්ධ මාතාව ය. මහාරක්ඛිත තවුසා ව සිටියේ සාරිපුත්තයෝ. සොම්නස් කුමරු ව සිටියේ මා ය" කියා භාගාවතුන් වහන්සේ මේ සෝමනස්ස ජාතකය නිමවා වදාළා.

10. චම්පෙය්‍ය ජාතකය

උපොසථ සීලයේ ඇති
අනුහස් ගැන කතාව

පින්වතුනේ, පින්වත් දරුවනේ,

ඒ දිනවල අපගේ භාග්‍යවතුන් වහන්සේ වැඩවාසය කොට වදාළේ සැවැත් නුවර ජේතවනයේ. එදා පුන් පොහෝ දවසක්. බොහෝ උපාසකවරු ජේතවනයට අවුත් අට්‍යාංග උපොසථ සීලය සමාදන් ව සිටියා. භාග්‍යවතුන් වහන්සේ ඔවුන් අමතා මෙය වදාළා. "උපාසකවරුනි, උපොසථ සිල් රැකීම ඉතා හොඳ දෙයක්. පුරාණ කාලයේ සිටි නුවණැති උදවිය උපොසථ සිල් රකින්ට ආසාවෙන් නාග සම්පත් අත්හැර සිල් සමාදන් ව උන්නා නොවැ."

"අනේ ස්වාමීනී භාග්‍යවතුන් වහන්ස, පුරාණයේ විසූ නුවණැතියෝ නාග සම්පත් හැර දමා උපොසථ සිල් රකි අයුරු අපට කියා දෙන සේක්වා!" යි භාග්‍යවතුන් වහන්සේගෙන් ඉල්ලා සිටියා. භාග්‍යවතුන් වහන්සේ මේ අතීත කතාව ගෙනහැර දක්වා වදාළා.

යටගිය අතීතයේ අංග රටේ අංග නම් රජෙකුත්, මගධ රටේ මගධ නම් රජෙකුත් වාසය කළා. අංග මගධ දෙරට මැදින් චම්පා නම් නදියක් ගලා බසිනවා. ඒ චම්පා

නදියේ නාගභවනක් තියෙනවා. එහි චම්පෙයය නමින් එක්තරා නාරජෙක් වාසය කළා.

මේ අංග මගධ රජවරුන් අතර කලින් කළ යුද්ධ හටගන්නවා. එතකොට ඇතැම් අවස්ථාවන්හිදී අංග රට මගධයට යටත් වෙනවා. තවත් විටෙක මගධය අංග රටට යටත් වෙනවා. දවසක් දා මේ රජවරුන් අතර හටගත් සටනේදී මගධ රජ පැරදුණා. පරාජිත රජු අසුපිට නැගී වේගයෙන් පලායද්දී අංග රජුගේ සේනාව පසුපසින් හඹා ආවා. රජතුමා අසුපිට නැගී වේගයෙන් ඇවිත් බලද්දී උදහ පළාතට වැස්ස ලැබීම හේතුවෙන් චම්පා නදිය දෙගොඩ තලා පිරී වේගයෙන් ගලා බසිනවා. 'කමෙක් නෑ... අනුන්නෙන් අතින් මැරුම් කනවාට වඩා නදියේ ගිලී මැරෙන එක උතුම්.' යි සිතා අසුත් සමග නදියට වැදුණා.

එදා චම්පෙයය නාගරාජයා චම්පා නදිය ඇතුළේ රුවන් මණ්ඩපයක් මවා බොහෝ නාපිරිවර සමග මධුපානෝත්සවයක් පවත්වමින් සිටියා. අශ්වයාත් රජු සමග වතුරේ ගිලී නාරජු ඉදිරියේ ගොඩබැස්සා. අලංකාරව සැරසී සිටි රජු දුටු සැණින් නාරජුගේ සිතේ මහත් ස්නේහයක් උපන්නා. අසුනෙන් නැගිට පෙරට අවුත් "හය ගන්ට කාරි නෑ මහරජුනි, එන්ට එන්ට... මෙහි ඇවිත් අසුන් ගන්ට" කියා තමා උන් පලගේම වාඩිකරවා ගත්තා. දියේ ගිලෙන්ට හේතුවත් විමසුවා. රජතුමා කියා සිටියා අංග රජු හා යුද වදින්ට සිදු වූ වග.

"නෑ නෑ මහරජුනි, ඒ ගැන හය ගන්ට කාරි නෑ. මං ඔයැයි අංග - මගධ දෙරටේම රජ කරවා යි නවතින්නේ." යි කියා රජුව අස්වැසුවා. සතියක් පුරා මහත් සැප සම්පත් භුක්ති විඳීමට සැලැස්සූ නාගරාජයා සත්වෙනි

දවසේ රජුත් සමග නැහැවනින් පිටවුණා. නාරජුගේ ආනුභාවයෙන් මගධ රජුට අංග රාජ්‍යය අල්ලාගන්ට පුළුවන් වුණා. අංග රජු මැරුම් කෑවා. එදා පටන් අංග - මගධ දෙරටේ අධිපති බවට පත් රජ හා නාගරාජ්‍යා අතර බලවත් විශ්වාසයක් ගොඩනැගුණා.

රජතුමා චම්පා නදීතෙර රුවන් මණ්ඩපයක් කරවා මහත් ධනයක් වියදම් කොට නාගරාජ්‍යා උදෙසා වාර්ෂිකව මහත් පූජෝත්සවයක් පවත්වනවා. නාරජුත් සිය පිරිවර හා නැහැවනින් නික්ම අවුත් පූජාව පිළිගන්නවා. මහජනයාටත් නාරජුගේ සම්පත් සිය දැසින් දකින්ට ලැබෙනවා.

ඒ කාලේ මහා බෝධිසත්වයෝ එක්තරා දිළිඳු පවුලක උපන්නා. රාජ පිරිස හා නදී තෙර ගිය ඔහුටත් නාරජුගේ සම්පත් දකින්ට ලැබී නාලොව උපදින්ට ආශාවක් ඇතිවුණා. නාලොව උපත පතා නොයෙක් අයුරින් දානාදී පින් කරමින්, සීලාදී ගුණධර්ම රකිමින් වාසය කළා. චම්පෙය්‍ය නාරජු නාගාත්මයෙන් චුත ව සත්වෙනි දින බෝධිසත්වයෝ මනුලොවින් චුත වුණා. චම්පෙය්‍ය නාරජු සැතපෙන මාලිගයේ සිරියහනේ සමන් මල් මාලාවක පැහැයෙන් නාරජෙකු ලෙස ඕපපාතික ව උපන්නා. තමන්ගේ නාග සිරුර දැක මහත් පසුතැවීමකට පත්වුණා. 'අයියෝ... මං මනුලොවදී පුණ්‍ය නිධානය තැන්පත් කළේ සදෙව්ලෝ ගබඩාවේ තැන්පත් කළ ධනයක් ලෙසයි. එහෙව් මං නෙවෙද මේ තිරිසන් ගත උපතක් ලැබුවේ. අහෝ... මේ නාග ජීවිතේ ඇති එලය කිම? මීට හොඳා දිවි නසාගන්න එක.' යි සිතන්ට පටන් ගත්තා.

එහි සුමනා නම් නාමෙනෙවියක් ඉන්නවා. ඈ මහානුභාවසම්පන්න සත්වයෙක් නාරජු ලෙස උපන් බව දැනගත්තා. හනික අනිත් නාගකන්‍යාවන්ට දැනුම් දුන්නා. සියලු නාමෙනෙවියෝ අවුත් පසඟතුරු වයමින් උපහාර ගීතිකා ගයා පිළිගැනීමේ උත්සවයක් කළා. නාලොව සක්දෙවිඳුගේ භවනේ සිරි ගත්තා. ඒ හේතුවෙන් දිවි නසාගැනීමේ අදහස ඔහුට නැති වුණා. සර්ප ශරීරය බැහැර කොට ඉර්ධියෙන් ලත් සර්වාලංකාරයෙන් සැරසූ රජෙකුගේ වේශය ඇතිව එබඳු ම පිරිසක් සමඟ වාඩි වුණා. එදා පටන් අලුත් චම්පෙය්‍ය නාරජුට මහත් යස ඉසුරු ලැබුණා. කලක් යද්දී ඔහුට නාලොව එපා වුණා. 'අනේ මං මේ නාගයෝනියේ සිට උපොසථ සිල් රැක, මෙතනින් චුත ව මනුලොව ගොහින් චතුරාර්‍ය සත්‍යාවබෝධ කොට දුකින් මිදෙන්ට ඕනෑ ම යි' කියා සිතට ගත්තා.

එතැන් පටන් නාගරාජයා සිය ප්‍රාසාදයේ සිට උපොසථ සිල් සමාදන් වෙනවා. නමුත් අලංකාර ව සැරසීගත් නාමෙනෙවියෝ අවුත් ඔහු වටා දැවටී දැවටී සිල් බිඳිනවා. බැරිම තැන ප්‍රාසාදයෙන් නික්ම උයනට ගොහින් සිල් සමාදන් වුණා. නාමෙනෙවියෝ එතනටත් එනවා. 'මේ වැඩේ හරියන්නෑ. මං මනුලොව ගොහින් උපොසථ සිල් රකින්ට ඕනෑ' යි තරයේ සිතට ගත්තා.

දැන් නාගරාජයා පොහෝ දවසට නාභවනින් නික්ම එක් පිටිසර ගමකට නුදුරින් ඇති තුඹසක් අසලට ගොහින් 'යමෙකුට මගේ සම්, මස් ආදිය ඕනෑ නම් ඔහු එය ගනීවා! මා රැගෙන ගොස් නටවන නයෙකු කොට වැඩ ගනී නම් එය එසේ වේවා!' යි මුළු සිරුර ම දානය උදෙසා පරිත්‍යාග

කොට දරණ ගසා උපොස‍ථ සිල් සමාදන් වුණා. මග යන එන අය මේ අලංකාර නාරජු දැක සුවඳ මල් ආදියෙන් පූදා යනවා. ඒ පිටිසර වැසියෝ මහනුභාව සම්පන්න නාරජෙක් ඉන්නවා කියා ඔහු වෙනුවෙන් තුඹසට උඩින් මණ්ඩපයක් කරවා, තුඹස වටා සුදුවැලි අතුරා දිනපතා සුවඳ මල් ආදියෙන් පූදන්ට පටන් ගත්තා.

නාරජු බලන්ට එන මිනිසුන් හරියට පැහැදුණා. නාරජුට පූජා පවත්වමින් දරු සම්පත් ලබාදෙන්ට කියා පෝලිමේ එන්ට පටන් ගත්තා. බෝසත් නාරජත් තුදුස්වක, පසලොස්වක පොහෝ දිනවල මනුලොව ඇවිත් උපොස‍ථ සිල් සමාදන් වෙනවා. අනිත් දිනවල නාභවනට යනවා. මෙසේ උපොස‍ථ සිල් සමාදන් ව වසද්දී දිනක් අගමෙහෙසිය සුමනා මෙය ඇසුවා. "දේවයෙනි, නුඹවහන්සේ මනුලොව ගොහින් උපොස‍ථ සිල් රකිනවා නෙවෙද? හපොයි මං නම් කැමති නෑ. මනුලොව කියන්නේ මහා බිය සැක ඇති තැනක්. යම් හෙයකින් තමුන්නාන්සේට කිසියම් විපතක් වුණොත් අපට දැනගන්ට නිමිත්තක්වත් නෑ නොවැ. අනේ අඩු ගණනේ අපට නිමිත්තක්වත් කියන්ට."

එතකොට චම්පෙයය නාරජ සුමනා දේවිය කැටුව මංගල පොකුණ අසලට ගියා. "සොඳුරී... කවුරු හෝ මට පහර දී හිංසා කළොත් මේ පොකුණේ දිය කැළඹෙන්ට පටන් ගනීවි. ඉදින් ගුරුළෙකු විසින් මා ඩැහැගත්තොත් මේ පොකුණේ දිය රත්වෙන්ට පටන් ගනීවි. බැරිවෙලාවත් අහිගුණ්ඨිකයෙක් මා පැහැර ගත්තොත් පොකුණු දිය රතු පැහැ ගැන්වේවි. ඕං... එහෙනම් මං නිමිති තුනක් ම කීවා."

දැන් නාරජ පෙර සේ ම තුදුස්වක, පසලොස්වක දිනවල මනුලොව යනවා. තුෂස මත දරණ ගසාගන්නවා. නාරජුගේ හිස රිදී මාලයක් මෙන් සුදුයි. මුදුන රතු කම්බිලියකින් කළ පන්දුවක පාටයි. නගුල්හිසක් තරම් ලොකු සිරුරක් තිබුණා.

ඒ කාලයේ බරණැස එක් බ්‍රාහ්මණයෙක් තක්ෂිලා ගොහින් දිසාපාමොක් ආචාරීන් වෙත ශිල්ප හදාරා සතුන් අල්ලන මන්තරයකුත් ඉගෙන ගත්තා. නැවත ඔහු බරණැස බලා එමින් ගමන බෝසත් නාගයාව දැක්කා. 'ෂාහ්... හරි අපූරු නාරජෙක් නොවැ. මේකා බන්ධනය කරගෙන ගම් නියම්ගම් රාජධානිවල නයි නැටවීම කළොත්, ආයෙ වෙන රැකියාවක් ඕනෑන්නේ නෑ. හොඳටම ධනය ලැබේවි.' යි සිතා දිව්‍ය ඖෂධ රැස්කොට, දිව්‍ය මන්තුය සිද්ධි වෙන තුරු මතුරා නාරජු වෙත ගියා. මන්තුය ඇසුණු වේලේ පටන් නාරජුගේ කන්වල ගිනිගත් ආයුධයක් වැදෙනවා වගේ, හිසට පහර වැදෙනවා වගේ රිදුණා. එතකොට බෝධිසත්ත්වයෝ කවුද මෙය මට කරන්නේ යි සිතා හිස ඔසොවා බැලුවා. එවිට මතුරමින් සිටින අහිගුණ්ඨිකයාව දැක්කා. 'ඉදින් මං කිපී නාස් පුඩුවලින් විස දුමාරය විද්දොත්, වී මිටක් විසිරෙන්නැහේ මේකා මැරී යාවි. මගේ සීලයත් බිඳී යාවි' යි සිතා ඔහු දෙස බැලීම නවතා දෑස වසා ගත්තා.

අහිගුණ්ඨික බ්‍රාහ්මණයාත් ඖෂධ සපා, මන්තුය මතුරා බෝසත් නාරජුගේ හිස මත කෙළ ගැසුවා. ඖෂධයන්ගේත්, මන්ත්‍රානුභාවයත් නිසා ඒ කෙළ පහර වැදුණු වැදුණු තැන්වල උණුතෙලින් සම පිළිස්සෙන සේ දියපට්ටා පැන නැග්ගා. බ්‍රාහ්මණයා නාගයාගේ

වලිගයෙන් ඇද බිම කෙලින් දිගා කෙරෙව්වා. එළ කුහරයක් බඳු දණ්ඩකින් ගෙල ළග සිරවෙන්ට තද කොට පෙළ්වා. හිස දැඩි ලෙස මිරිකුවා. වේදනාව වැඩිකමට නාගරාජයාගේ මුව ඇරුණා. එසැණින් ම ඔහු මුබයට මන්ත්‍ර කෙළ ගැසුවා. ඖෂධ මන්ත්‍ර කොට නාරජුගේ දළ බින්දා. මුව පුරා ලේ වැගිරී ගියා. තමන් සමාදන් ව සිටින උපෝසථ සිල් බිඳගන්ට බියෙන් නාරජ ඇස් ඇර බැලීම් මාත්‍රයක්වත් කළේ නෑ.

 බ්‍රාහ්මණයා නාගරාජයාව තවත් දුර්වල කරන්ට ඕනෑය සිතා, නගුටේ පටන් සිරුර ඇද ඔසොවා ගසා, ඇට කුඩු වෙන තරමේ වේදනා දෙමින් මුළු සිරුර ම මැඩුවා. තෙත රෙද්දක් මිරිකන සෙයින් නාගසිරුර වෙළ්වා. රෙද්දක් මදින සෙයින් මැඩුවා. රෙද්දක් අපුල්ලන සෙයින් තදින් ඇපිල්ලුවා. නාරජුගේ මුළු සිරුර ම ලෙයින් තෙත් වී ගියා. මහත් දුක් වේදනා ඉවසා සිටියදී සිරුර අතිශයින් ම දුර්වල වුණා. ඉන්පසු වේවැල් පෙට්ටියක දරණ ගස්සවා එබුවා. පිටිසර ගමකට ගෙනගොස් මහජනයා රැස් කරවා නාගරාජයා ලවා නැටුම් දක්වන්ට පටන් ගත්තා. දැන් නාරජුට බ්‍රාහ්මණයා සිතන සිතන ආකාරයට නීලාදී පැහැයන් ගන්ට සිදුවුණා. රවුම් හතරස් ආදී සටහන් ගන්ටත් සිදුවුණා. පෙණ සීයකුත් මවාගන්නවා. පෙණ දහසකුත් මවාගන්නවා. ඔහු ගී ගයද්දී නටන්නත් සිදුවුණා. විස්මයට පත් මිනිස්සු බ්‍රාහ්මණයාට බොහෝ තෑගි දුන්නා. එක් දවසින් ම කහවණු දහස් ගණන් වටිනා තෑගි ලැබුණා.

බ්‍රාහ්මණයා මුලින් සිතුවේ කහවණු දහසක් ලැබ විට නාගරාජයාව නිදහස් කරන්ටයි. නමුත් දැන් පිටිසර

ගමේදී ම කහවණු දහසක් ලැබුවා නොවැ. 'රාජ රාජ මහාමාත්‍යයන් ඉදිරියේ නයා නැටෙව්වොත් මොනතරම් ධනය ලැබෙවි ද!' කියා සිතා තෑගි පටවාගන්ට කරත්තයකුයි, සැප යානයකුයි මිලට ගත්තා. සැප යානයේ ඔහු හිඳගත්තා. නාරජු රැගෙන මහා පිරිවර සහිතව ගම් නියම්ගම් සැරිසරා ගොස් බරණැස උග්ගසේන රජු ඉදිරියේ නයා නටවා නිදහස් කරන්ට ඕනෑ කියා සිතුවා. බ්‍රාහ්මණයා මැඩියන් මරා නාරජුට කෑමට දෙනවා. 'මං මේවා කෑවොත් මොහු නැවත නැවතත් මා වෙනුවෙන් මැඩියන් මරනවා' යි සිතා ආහාර ගැනීම නැවැත්තුවා. එතකොට විලඳ මීපැණි දුන්නා. මේවා කෑවොත් මගේ කුස තවත් පෙලී මැරී යාවි යි සිතා ඒවා කෑවෙත් නෑ.

මාසයකින් පමණ බ්‍රාහ්මණයා බරණැසට ආවා. ද්වාර ගමට ගොස් නාගරාජයා නටවා බොහෝ ධනය ලබාගත්තා. උග්ගසේන රජ ඔහුව කැඳවා නයා නටවා පෙන්වන්ට කියා කීවා. "හොඳයි දේවයෙනි, හෙට පුන් පොහෝ දවස නොවැ. මං තමුන්නාන්සේට හෙට නැටුම් දක්වන්නම්." කීවා. "මහනුභාව සම්පන්න නාරජෙකුගේ නෘත්‍ය සංදර්ශනයක් තියේ ය, එය බලන්ට මහජනයා රැස්වෙත්වා!" යි අඬබෙර හැසිරෙව්වා. පසුදා රජමිදුල අලංකාර ලෙස සරසා බ්‍රාහ්මණයා කැඳෙව්වා. නාගරාජයා සිටි පෙට්ටිය ගෙන විසිතුරු සැරසිලි අතර තැබුවා. රජතුමාත් ප්‍රාසාදයෙන් බැස අවුත් මහජනයා පිරිවරා හිඳගත්තා. බ්‍රාහ්මණයා නාරජු පෙට්ටියෙන් බැහැර කොට නැටෙව්වා. මිනිසුන්ට එය දැක ප්‍රකෘති සිහියෙන් ඉන්ට බැරිවුණා. අත සළ ලෙලවමින් ඕල්වරසන් දුන්නා. නාරජුට සත්‍රුවන් වරුසාවකින් පිදුවා. නාරජු අල්ලා

මාසයක් සම්පූර්ණ වුණා. මෙපමණ කලක් ඔහු තවමත් කිසි ආහාරයක් නැතුව කුසගින්නේ ඉන්නවා.

සුමනා දේවිය 'මොකොද අපගේ නාරජ තවම නැත්තේ? දැන් මාසයක් ම පිරුණා නොවැ. කරදරයක්වත් ද?' යි කියා පොකුණ වෙත ගොස් බලද්දී පොකුණු දිය රත් පැහැ ගැන්වී තිබුණා. 'අයියෝ... මගේ ස්වාමිදේවතා අභිගුණ්ඪිකයෙකු විසින් අල්ලාගෙන නොවැ.' කියා වහා නාභවනෙන් නික්ම තුඹස අසලට ආවා. එතැන් සිට නාරජු පෙළෑ පෙළෑ තැන ගැලූ ලේ දැක හඬ හඬා පිටිසර ගමට ගියා. ඔවුන්ගෙන් තොරතුරු දැන බරණැස රජමිදුලට ගොස් අහසේ සිට හඬන්ට පටන් ගත්තා.

නාරජ නටමින් සිටියදී අහස දෙස බලා, හඬ හඬා සිටිනා සුමනා දේවිය දැක ලැජ්ජාවට පත්වුණා. වහා පසුම්බියට වැද දරණ ගසාගත්තා. රජතුමා නාරජු වහා පෙට්ටියට ගිය කරුණ විමසා වටපිට බලද්දී අහසේ සිට හඬනා සුමනා දේවිය දැක ඇයගෙන් මෙය ඇසුවා.

01. හෝ... විදුලිය සේ දිලේ ය තී
    බබළයි ඔසඩී තරුව ලෙසේ
    දේවතාවියක් දෝ ගාන්ධර්වියක් දෝ
    මිනිස් දුවක් නම් වෙන්ට බෑ තී
    ඇත්තෙන් ම හැඬකාර තී කවුදෝ?

සුමනා දේවී :-

02. මහරජුනේ, මං දෙව්දුවක් නම් නොවේ
    ගාන්ධර්වියක් හෝ මිනිස් දුවකුත් නොවේ
    නාමෙනෙවියක් වෙමි මම
    අනේ වැදගත් කරුණකටයි මෙහි මං ආවේ

රජතුමා :-

03. නාමෙනෙවියේ, තී තදින් කලබල ව සිටී
තිගේ ඉඳුරන් ද කෝපයෙන් ඇවිලී ඇත
නෙතින් කඳුළු කැට නොකඩවා ඇද හැලේ
තිගේ කවර දෙයක් ද නැසුණේ?
තී කුමක්ද මෙහි පතන්නේ?
මෙහි පැමිණි කරුණ මට කිව මැන

සුමනා දේවී :-

04. නරනිඳුනි, උග‍්‍ර තේජස් ඇති සතාට ය
උරගයා කියා කියන්නේ මේ මනුලොව
නාගයා කියාත් කියති මහජනයා
රැකියාව පිණිස එක මිනිසෙක්, ඒ නාරජුව අල්ලාගත්තා
අනේ ඔහු නිදහස් කළ මැන, ඒ මගේ ආදර හිමිසඳ ය

රජතුමා :-

05. නාමෙනෙවියේ, කියව මට මෙය
මහා බල ඇති, වීරිය ඇති, නාරජෙකු කෙසේ දෝ
වෙළෙන්දෙකුට හසුවුණේ?
නාගයන් අල්ලන හැටි අප දැනගන්නේ කෙසේ?

සුමනා දේවී :-

06. නගරයක් වුව අළු කළ හැකි,
බල වීරියක් ඇති නාරජු වුවත්
මේ නාගරාජ්‍යා වසයි ධර්මයට ම ගරුකොට
එනිසා ඉතා දුකසේ උපෝසථ සිල් සුරකියි

07. තුදුස්වක පසළොස්වක හැම පොහෝ දා
සිව්මංසල හිඳ පෙහෙවස් රකී මේ නාරජ

රැකියාව ලෙස අර පුරුෂයා,
එතැනදී මොහු අල්ලගත්තා
අනේ මොහු නිදහස් කොට දෙන්ට,
මේ මගේ අදරැති හිමිසඳ

08. මිණිකොඬොල් බරණින් සැදි,
දිය යටින් නාහවන ඇති
සොළොස්දහසක් නාමෙනෙව්යෝ,
මේ නාරජුව සරණ ගියෝ

09. මේ මිනිසා පීඩාවකට පත් නොකොට
ගම්වර, රන් නික, සිය ගණන් ගවයන් දී
නාරජු නිදහස් කළ මැනව
මෙයින් මිදී නිදහසේ, නාරජු තුටින් හැසිරේවා!
පින් කැමති නාරජා බන්ධනයෙන් මිදේවා!

රජතුමා :-

10. මේ මිනිසාට පීඩාවක් නොකරමි මම
ගම්වර, රන් නික, සිය ගණන් ගවයන් දී
නාරජු නිදහස් කරමි මම
මෙයින් මිදී නිදහසේ, නාරජු තුටින් හැසිරේවා!
පින් කැමති නාරජා බන්ධනයෙන් මිදේවා!

11. එම්බා වැද්ද, රන් නික සියයක් දෙමි
මහත් මිණිකොඬොල් ද දෙමි
දියබෙරලිය මල් පැහැ ගත් සිව්රස් පලඟක් ද දෙමි

12. සමාන ගතිගුණ ඇති ළඳුන් දෙදෙනෙකුත් දෙමි
වෘෂභයෙකු සහිත සියයක් ගවයන් දෙමි
මිදුණු සිරුරැති නාරජ නිදහස් සිතින් සැරිසරාවා!

පින් කැමති නාරජ බන්ධනයෙන් මිදේවා!

උග්ගසේන රජතුමා අහිගුණ්ඨිකයාගෙන් නාරජු නිදහස් කරවා ගැනීම පිණිස දිය යුතු සෑම දෙයක් ම දුන්නා. එතකොට බ්‍රාහ්මණයා මෙය කීවා.

13. අනේ මහරජුනි, කිසි තෑගි බෝග නැති වුණත්
නුඹවහන්සේගේ වචනයට ගරු කොට
නාගරාජයා බන්ධනයෙන් මුදවමි මම
මිදුණු සිරුරැති නිදහස් සිතින් නාරජ හැසිරේවා!
පින් කැමති නාරජ බන්ධනයෙන් මිදේවා!

මෙසේ කියා බ්‍රාහ්මණයා පෙට්ටිය ගෙන, මන්ත්‍ර බලය බිඳ නාරජු නිදහස් කළා. නාරජ වනමල් ගොමුවකට රිංගා සැඟව ගොස්, සැණෙකින් නාග වේශය අත්හැර, අලංකාර සිරුරක් ඇති මිනිස් වේශයෙන්, පොළොව බිඳගෙන උඩට මතුවෙන සෙයින් නික්ම සිටගත්තා. සුමනා දේවී අහසින් බැස ඔහු අසල සිටගත්තා. නාරජ ඇඳිලි බැඳ රජුට වඳිමින් කියූ දෙය ගාථාවෙන් මෙසේ ය.

14. චම්පෙයය නාරජ බන්ධනයෙන් මිදී මෙය කීවා
කසී රට සෙත සදන කසී රජුනි,
තොපට නමස්කාර වේවා!
ඇඳිලි බැඳ තොපට ඇරයුම් කරමි මම
දැකුම්කලු මගේ නාභවන බලන්ට එනු මැනව

රජතුමා :-

15. භවත් නාරජුනේ, ඒකාන්තයෙන් ම මිනිසෙක්
යම් අමනුෂ්‍යයෙකුගේ බස,
අදහා ගනියි නම් පුදුමයකි එය

ඉදින් තොප මට කියන නිසාවෙන්
නාභවන දකින්ට එන්ට මා ත් කැමති ය

නාරජ :-

16. නිරිඳුනි, ඉදින් සුළං හමා පර්වතයක් දුර ගසා ගියත්
සඳ හිරු දෙදෙනා අහසින් බිමට කඩා වැටුණත්
හැම ගංගා දිය උඩු අතට ම ගලා ගියත්
මම නම් කිසිදා මුසා බසක් නොකියමි

17. මේ ගගන තලය පුපුරා පැලී ගියත්
මහ සයුරේ දිය සිඳී වියළී ගියත්
සතුන් දරා සිටින පොළව ඇතුලට හැකිළුණත්
මහාමේරු ගිරි රජා මුලින් ඉදිරී වැටුණත්
මම නම් කිසිදා මුසා බසක් නොකියමි

බෝසත් නාරජ එසේ කීවත් මිනිස් නොවන
අයෙකුගේ වචනය විශ්වාස කරන්ට බැරිය කියා නැවත
නැවතත් කීවා.

18. භවත් නාරජුනේ, ඒකාන්තයෙන් ම මිනිසෙක්
යම් අමනුෂ්‍යයෙකුගේ බස,
අදහා ගනියි නම් පුදුමයකි එය
ඉදින් තොප මට කියන නිසාවෙන්
නාභවන දකින්ට එන්ට මාත් කැමති ය

"හරි... කෙසේ වෙතත් නාරජුනි, මා විසින් තොපට
දැක්වූ උපකාරය පිළිබඳව තොප විසින් දක්වන කෘතගුණය
දැකගන්ට යුතු අයුතු බවක් දැනෙන පිළිවෙලක් මටත්
ඕනෑ" යි කියා රජතුමා මේ ගාථාව කීවා.

19. නාරජාණෙනි, තොප මහා බලවත්, සෝර විෂ ඇති

මහා තෙද ඇති නයෙක් නොවෙදෝ?
වහා කිපෙනා නයෙක් නොවෙදෝ?
මා නිසා බන්ධනයෙන් නිදහස් වූ තොප
කෘතගුණ දන්නා බව මා දැනගන්නේ කෙසේ දෝ?

නාරජ :-

20. යමෙක් කළ උපකාරය නොදන්නේ නම්
බිහිසුණු දුක් ඇති නිරයේ ඔහු පැසේවා!
කයට කිසි සහනයක් ඔහුට නොලැබේවා!
වේවැලින් කළ පෙට්ටියේ ම සිර වී
ඉතා දුකසේ ඔහු මරණයට පත් වේවා!

නාරජුගේ මේ කතාව අසා රජු මෙසේ කීවා. "නාරජුනි, තොප වැනි ගුණවතෙකුට කළ උපකාරය යමෙක් නොදනී නම් ඔහුට මෙසේ වේවා! තොප කියන බස් අසා මම තොප විශ්වාස කරමි." යි කියා මේ ගාථාව පැවසුවා.

21. නාරජුනේ, තොපගේ වචනය,
සත්‍ය වූ ම ප්‍රතිඥාවක් වේවා!
ක්‍රෝධ රහිත, මෙත් සිත ඇතියෙක් වේවා!
බද්ධ වෙර නැතියෙක් වේවා!
තොපගේ සකල නාග පිරිස ම
නියං කාලයේ ඇවිල යන ගින්නක් සේ
ගුරුළන්ගෙන් දුරින් දුරු වේවා!

නාරජ :-

22. නිරිඳුනි, මවක් සිය එක ම පුතුට,
අනුකම්පා කරන ලෙසින්
තොපත් අපගේ නාගකුලයට,

සැබැවින් ම කරයි අනුකම්පා
මාත් නාපිරිස සමගින්,
උදාර ලෙස තොපටත් කරමි උවටැන්

රජතුමා :-

23. ඉතා විසිතුරු රාජරථයට
    හොඳින් දැමුනු ගන්ධාර අසුන් යොදත්වා!
    රජවතින් සැරසු ඇතුන් ද යොදත්වා!
    නාගයන්ගේ විමන බලන්ට අපිත් යමු ඉතින්

24. බෙර මෘදංග පණාබෙර හා සක්
    වැයුවෝ උග්ගසේන රජු උදෙසා
    අන්තඃපුර ළඳුන් පිරිවැරූ රජ, ඉතා අලංකාර ලෙස
    නාවිමන බලා පිටත් ව ගියා

උග්ගසේන රජු බරණැසින් නික්මෙන කාලයේ
බෝසත් නාගරාජයා සිය ආනුභාවයෙන් නාගභවන,
සත්රුවන් ප්‍රාකාරය, දොරටු අට්ටාලාදිය දිස්වෙන අයුරින්
පෙන්නුම් කළා. නාගභවනට යන මාර්ගය දෙපස ඉතා
ම අලංකාරව දිස්වුණා. රජතුමා ඒ මගින් නාගභවනට
ගොස් සිත්කලු බිමත් ප්‍රාසාදයත් දැක්කා. එය ගාථාවෙන්
මෙසේ විස්තර වේ.

25. කසී රට දියුණුව සඳන රජ, රන් වැලි අතුල බිම ඇති
    වෙවෙරෝඩි පුවරු ඇතිරූ, රනින් කළ පහය දැක්කා

26. හිරු නැගී රැස් දිලෙන සේ,
    රන් රැස් විහිදෙන ප්‍රාසාදය
    නාරජුගේ නිවෙස්න බව දැන,
    පිවිසියා එහි උග්ගසේන රජ

27. නේක සොඳුරු රුකෙන් සුසැදි,
    සුමියුරු සුවඳකි පැතිරෙන
    චම්පෙයය නාරජුගේ විමනට,
    පිවිසියේ රජ මහත් සතුටින

28. චම්පෙයය නාරජුගෙ විමනට, රජ පිරිස ආ සැණින්
    පැතිරුණි දෙව්තුරු ගොස
    නාමෙනෙවියෝ නටන්ට පටන් ගත්තා

29. දෙව් ගී නද අස අසා,
    නා මෙනෙවියන්ගේ නැටුම් දකිමින්
    සැණින් එහි පිවිසි කසි රජ,
    සඳුන් කල්ක තැවරූ පුවරුවේ
    රන් මිණි පලඟේ අසුන් ගත්තා

රජතුමා එහි අසුන් ගත් සැණින් නා නා ප්‍රණීත රස
මසවුලෙන් පිරි දිව්‍ය භෝජන ගෙන ආවා. සොළොස්
දහසක් අන්තඃපුර ස්ත්‍රීන්ටත් රජු හා පැමිණි සියලු පිරිසටත්
එබඳු ම ප්‍රණීත ආහාර ලැබුණා. උග්ගසේන රජ ඇතුළු
පිරිස දිව්‍ය ආහාර පාන වළඳමින්, දිව්‍ය සැප සම්පත්
විඳිමින් සතියක් පමණ ගත කළා. ඒ සතිය ඇවෑමෙන්
උග්ගසේන නිරිඳා චම්පෙයය නාරජු ඇමතුවා. "පින්වත්
නාරජ, මේ තරම් අතිශය ආනුභාව සම්පන්න, සිත්කලු
සැප සම්පත් පිරී ඉතිර තිබියදී, ඇයි ද තොප මනුලොව
ගොහින් තුඹසක් මත්තේ දරණ ලා පෙහෙවස් උපෝසථ
සිල් ගන්නේ?"

30. උග්ගසේන රජ සතියක් එහි වැස,
    ඇසුවා නාරජුගෙන් මෙය
    'නාරජුනි, තොප විමන දිලේ, නෙත් සිත් සතුටු කොට

බැලූ බැලූ තැන බැබළේ, හිරු රැස් විලසට
සිහිනෙකින්වත් මනුලොව, නැත මෙබඳු විමන් නම්
එහෙත් තපස් රැකුමට ය, ඇත්තේ ම තොපගෙ සිත
පෙහෙවස් සිල් සුරක, තොප පතන්නේ කුමක්දෝ?

31. රනබරණින් සැරසී, වත් හැද සිත්කලු
    තඹවන් අතුල් පතුල් ඇති, රුවැති ඇඟිලි ඇති
    නෙත් සිත් බඳනා නා අඟනුන්, තොප වටා සිටිත්
    සිනා පපා විත් දෙවි පානය ද පුදත්
    මනුලොව නම් මෙය අසා හෝ දැක නැත
    එහෙත් තපස් රැකුමට ය, ඇත්තේ ම තොපගෙ සිත
    පෙහෙවස් සිල් සුරක, තොප පතන්නේ කුමක්දෝ?

32. වරල් විදහා රන් මාළ පිහිනන හැටි
    නිල් දියේ ගසමින් වරල් ඔවුන් නටතා සැටි
    උකුසු කුරුල්ලෝ රැක්වල හිඳ නාද කරනා හැටි
    ගංගා ගලා බසියි මිණි කැට සරි කොට
    මනුලොව නම් මෙය අසා හෝ දැක නැත
    එහෙත් තපස් රැකුමට ය, ඇත්තේ ම තොපගෙ සිත
    පෙහෙවස් සිල් සුරක, තොප පතන්නේ කුමක්දෝ?

33. කොස්වාලිහිණි, මොණරු හා දිව්‍ය හංසයෝ
    කොවුලෝත් රැකින් රැක පැන,
    සවන් මත් කර නාද පතුරුවත්
    මනුලොව නම් මෙය අසා හෝ දැක නැත
    එහෙත් තපස් රැකුමට ය, ඇත්තේ ම තොපගෙ සිත
    පෙහෙවස් සිල් සුරක, තොප පතන්නේ කුමක්දෝ?

34. මී අඹ, සල්, මදටිය, ජම්බු, ඇහැල, පලොල්
    මල් එල බරවෙයි අතු ඉති සෙලවෙයි සුළඟට

මනුලොව නම් මෙය අසා හෝ දැක නැත
එහෙත් තපස් රැකුමට ය, ඇත්තේ ම තොපගෙ සිත
පෙහෙවස් සිල් සුරැක, තොප පතන්නේ කුමක්දෝ?

35. පැන් පොකුණු වටා ඇති රුකින් හමයි මිහිරි සුවඳ
ගත දැවටී සිත සැනසී යයි නොවැ නිබඳව
මනුලොව නම් මෙය අසා හෝ දැක නැත
එහෙත් තපස් රැකුමට ය, ඇත්තේ ම තොපගෙ සිත
පෙහෙවස් සිල් සුරැක, තොප පතන්නේ කුමක්දෝ?

නාරජ :-

36. නිරිඳුනි, මා පෙහෙවස් උපෝසථ රැක
කිසිදා පැතුවේ නෑ දරු සම්පතක් ලැබුමට
කිසිදා පැතුවේ නෑ ධනය හෝ ආයුෂ
මනුලොව උපත පමණයි, මං නිතර පැතුවේ
වීරියෙන් පෙහෙවස් රකින්නේ ඒ නිසයි

උග්ගසේන රජ :-

37. නාරජුනි, තොප නෙත් දිලේ රතු මැණික් සේ
අනතුරක් කිසි නැතේ, සොඳුරු පැහැයක් ඇතේ
කෙස් රවුල් අන්දම තබා, අබරණින් සරසලා
රත් සඳුන් සුවඳ දී, ඇත කයත් සනසවා
ගාන්ධර්ව රජෙකු සේ, සිටියි දිසා බබුළුවා

38. දිව්‍ය ඉර්ධිය අතින්, සියලු කමිසුව අතින්
මහනුභාවයෙන් බබළමින් වැජඹෙතේ
එවන් තොපගෙන් මෙය අසන්නට සිතේ
ඇයි ද මනුලොව උපදින්ට මෙතරම් ම ආසා?
මිනිස් කය මෙයට වඩා උතුම් වන්නේ කෙසේ?

නාරජ :-

39. නිරිඳුනේ, මිනිස් ලොව අපූරු ම තැනක් වේ
    එබඳු වටිනාකමක් නොමැත මේ නාලොවේ
    ඉඳුරන් දමනය කොට, සිතත් පිරිසිදු කොට
    සිල් ගුණදමුත් රැක, පිරිනිවන් පාන්නට
    මනුලොවේ මිනිසුන්ට, පුදුම හැකියාවක් ඇත
    මටත් ඕනෑ සසර දුකින් මිදෙන්ටයි
    එනිසා ය මං පෙහෙවස් උපෝසථ රකින්නේ

උග්ගසේන රජ :-

40. ඒකාන්තයෙන් ඇසුරු කළයුතු නුවණැතියන්ව ම යි
    බොහෝ බණ දැන උගත්, බොහෝ යහපත සිතන
    උතුමන්ව ම යි අපි නිතර ඇසුරට ගත යුතු
    තොපත් නාමෙනෙවියනුත් දුටු වේලේ පටන්
    මටත් සිතුණා නොවැ බොහෝ පින් කරන්නට

නාරජ :-

41. මාත් නාමෙනෙවියොත් දුටු නිසාවෙන්
    තොපත් නිරිඳුනි, බොහෝ පින් ම රැස් කළ මැන

උග්ගසේන රජ නැවත බරණැස යන්ට කැමති වුණා.
එතකොට නාරජ උග්ගසේන රජුට කැමති තාක් ධනය
රැගෙන යන්ට කීවා. එය පෙන්වමින් මේ ගාථා කීවා.

42. බලන්ට රජුනි, මෙහි වස්තුව ඇති තරම්
    තල් කඳන් සේ රන් තිබේ ගොඩ ගසා
    සිත් සේ රන් මෙයින් ගෙන ගොස්
    රනින් කළ ප්‍රාසාදයක් තැනුව මැන
    රිදීමය පවුරක් ඒ වටා කළ මැන

43. වෙවෙරෝඩි හා මැණික් මුසු, මේ මුතුගැල් පන්දහසක්
    ගෙන ගොස් අන්තෑපුර බිම සරසනු මැන
    මෙහි නම් මඩත් දුවිලිත් නැත

44. උතුම් නිරිඳුනි, තොප මනුලොව ගිය විට
    මෙබදු මනකල් විමනක විසුව මැන
    සිරි සැප ඉතිරී ගිය බරණෑස,
    අලාමක නුවණැති රජුනි,
    දැහැමෙන් සෙමෙන් රජ කොට,
    රටට සෙත සැදුව මැන

නා රජුගේ අදහසට කැමති වූ උග්ගසේන රජ අඩබෙර හසුරුවා සියලු පිරිසට කැමති තාක් රන් රිදී මුතු මැණික් ආදිය ගන්ට කීවා. රජතුමාත් නොයෙක් දහස් ගණන් ගැල්වලින් ධනය පිටත් කෙරෙව්වා. උග්ගසේන රජ මහත් සත්කාර මැද බරණෑසට ගියා. එදා පටන් තමයි දඹදිව රන් රිදී භාවිතය දියුණුවට පත්වුණේ.

මෙසේ පුරාණ කාලයේ සිටි නුවණැති අය සිය සම්පත් අත්හැර පෙහෙවස් සමාදන් වීම, මෙත් සිත වැඩීම, ඉවසීම ආදී ගුණදහම් පුරුදු කළා. එදා අහිගුණ්ඪික ව සිටියේ දේවදත්ත. සුමනා දේවිය ව සිටියේ රාහුලමාතාවෝ. උග්ගසේන රජු ව සිටියේ සාරිපුත්තයෝ. චම්පෙයය නාරජ ව සිටියේ මා ය" කියා භාග්‍යවතුන් වහන්සේ මේ චම්පෙයය ජාතකය නිමවා වදාළා.

11. මහා පලෝභන ජාතකය
කාමයේ බිහිසුණු බව ගැන කතාව

පින්වතුනේ, පින්වත් දරුවනේ,

ඒ දිනවල අපගේ භාග්‍යවතුන් වහන්සේ වැඩවාසය කොට වදාළේ සැවැත් නුවර ජේතවනයේ. එකල ඉතා ශුද්ධාවෙන් පැවිදි වූ තරුණ පැවිද්දෙකුට මහණදම් පිරීම ගැන ආසාව නැතිව ගියා. "සිවුරු හැර ගිහි ජීවිතයක් ගෙවීම පහසු ය, මහණදම් පුරන්ට අපහසු ය" කියා උපාධ්‍යායන් වහන්සේට කීවා. උපාධ්‍යායන් වහන්සේ ඒ හික්ෂුව භාග්‍යවතුන් වහන්සේ වෙත කැඳවාගෙන ගියා. එසේ පැවිද්දට කලකිරෙන්ට හේතු වූයේ කුමක්ද කියා භාග්‍යවතුන් වහන්සේ අසා වදාළා. එතකොට ඔහු මෙසේ පිළිතුරු දුන්නා.

"අනේ ස්වාමීනී භාග්‍යවතුන් වහන්ස, මගේ සිතේ තිබුණේ ම දිගටම පැවිද්දේ ඉන්න අදහස යි. නමුත් එක්තරා ළඳක් මට කීවා ආදරයෙන් සලකන්නම්. සිවුරු හැර එන්ට කියා. එදා පටන් තමයි මේ අවුල. දැන් නම් හරිම පීඩයි."

"හික්ෂුව, ආශ්වාදයට සිත ඇලෙනවා. එතකොට කෙලෙස් හා එකතු ව සිත කිලිටි වෙනවා. සිනේරු

පර්වත රාජයා මුලිනුපුටා දමන්ට හැකි මහා වා සුළියකට, ගසක ඉදීගිය කොළ සලා බිම දමන්ට ලැජ්ජාවක් තියේ ද? ඉතා පිරිසිදු සිත් ඇති සත්වයන්ගේ සිතත් අයෝනිසෝ මනසිකාරයෙන් කැළඹී ගොස් තියෙනවා." කියා මේ අතීත කථාව ගෙනහැර දක්වා වදාළා.

යටගිය අතීතයේ බරණැස්පුරේ බ්‍රහ්මදත්ත නමින් රජ්ජුරු කෙනෙක් රාජ්‍ය කළා. මේ රජ්ජුරුවන්ට දරු සම්පත් නෑ. මේ ගැන රජ්ජුරුවෝ දුකෙන් සිටියේ. එනිසා රජ්ජුරුවෝ තමන්ගේ බිසොවුන් වහන්සේලාට කියා සිටියා දරු සම්පත් පතන්ට කියා. ඔවුනුත් පුත්‍ර සම්පත් පැතුවා.

මෙසේ කල් ගත වෙද්දී මහාබෝධිසත්වයෝ බ්‍රහ්ම ලෝකයෙන් චුත ව අගමෙහෙසියගේ කුසෙහි පිළිසිඳ ගත්තා. පුත් කුමාරයා උපන් දවසේ ම සුවඳ පැනින් නහවා කිරි පෙවීම පිණිස කිරිමවුන්ට භාර දුන්නා. කුමාරයා කිරි බොද්දී හරියට අඬනවා. එතකොට වෙනත් ස්ත්‍රියකගේ අතට දුන්නා. ඒත් හඬනවා. කාන්තාවන්ගේ අතින් අතට ගියා කියලා දරුවා නාඬා හිටියේ නෑ. දිගටම හඬනවා. එතකොට ඔවුන් පිරිමි සේවකයෙකු අතට දුන්නා. ඔහු කුමාරයාව අතට ගත්තු ගමන් හැඬීම නවතා නිශ්ශබ්ද වුණා. ආයෙමත් කාන්තාවකගේ අතට ගත්තු ගමන් දරුවා හඬන්න පටන්ගත්තා. ආයෙමත් පිරිමියෙකුගේ අතට ගත්තු ගමන් හැඬීම නැවතුණා. මේ පුත් කුමාරයාට ස්ත්‍රීන්ගේ ගන්ධය කිසිසේත් රුචි නැති බව රජ්ජුරුවෝ තේරුම් ගත්තා. ඒ නිසා මේ කුමාරයාට 'අනිත්ථිගන්ධ කුමාරයා' යන නම ලැබුණා.

දැන් අනිත්ථීගන්ධ කුමාරයා වැඩෙන්නේ පුරුෂයන්-ගේ අතේ. දරුවාට කිරි පොවද්දී එක්කෝ කාන්තාවගේ කිරි, බඳුනකට දොවාගෙන පොවනවා. එහෙමත් නැතිනම් කාන්තාව තිරයකට මුවා වෙලා දරුවාට කිරි පොවනවා. පුත් කුමාරයා ටිකෙන් ටික ලොකු වෙද්දී ස්තුීන් දකින්ටවත් කැමති වුණේ නෑ. රජ්ජුරුවෝ කුමාරයාට ස්තුී උපස්ථායකයන් නැති මාළිගාවකුත්, භාවනා කරන්ට මණ්ඩපයකුත් හදා දුන්නා.

දැන් අනිත්ථීගන්ධ කුමාරයාගේ වයස දහසය අවුරුද්දක් වුණා. තාමත් පුතුයාගේ වෙනසක් නෑ. රජ්ජුරුවෝ මහත් කනස්සල්ලෙන් පසු වුණා. 'අපොයි... මයෙ පුත් කුමාරයාට මක් වුණා ද? කාන්තාවකගේ මුහුණවත් බලන්නේ නෑ. රජකමටත් කැමති වෙන එකක් නෑ. අඛහෝ... මගේ පුතුයාට මහත් නොලැබීමක්!' කියා ශෝක වෙන්ට පටන් ගත්තා. එය පැහැදිලි කරමින් භාග්‍යවතුන් වහන්සේ මෙය වදාළා.

01. මහා ඉර්ධිමත් දෙව්පුතෙක්, බඹලොවින් චුත වී අවුත්
    හැම කම්සුවෙන් ඉතිරැන, බරණැස් කසී රජුගේ
    පුතෙකු වී ඉපදුණා

02. කාමයන් හෝ කාමසඤ්ඤා, නෑර දකින්ට බඹලොවේ
    බොහෝ කල් සිටි නිසා බඹලොව
    කුමරැ මනුලොව කාමයන් ගැන
    නිතර පිළිකුලෙන් ම පසුවුණා

03. කුමරැ සිටි මාළිගයේ, පියරජු විසින් කුමරැට
    භාවනා කෙරැමට, සුදුසු කුටියකුත් තැනුවා
    එහි තනි වූ කුමරා, භාවනාවට යොමු වුණා

හුදෙකලාවේ වසමින්, තුටින් කල් ගත කළා

04. අනේ මගේ එක ම පුතු, කිරුළ හිමි රජකුමරා
කිසි කමිසුවයකට, නෑ නොවැ යොදන්නේ සිත
පුතුගෙ හැසිරීම ගැන, සෝකයට පත් රජ
ඒ ගැන ම සිත සිතා, කඳුළ සලමින් සිටියා

05. මගේ පුත් කුමරුව, කමිසුවෙන් පොළඹන්නට
අහෝ කිසි උපායක්, ඇත්තේ ම නැද්ද ලොව?
කුමන බාධාවක් දෝ, ඔහු සිත වෙලා ඇත්තේ?
එයින් බේරා මොහු, කමිසුවෙන් සතපවන්නට
කවුරුවත් නැද්ද ලොව?

රජුගේ සෝක වීම අන්තඃපුරේ කාටත් සිත් වේදනා
දෙන කරුණක් වුණා. කමිසුවෙන් කුමරු පොළඹවා
ගන්ට සමත් එක් ස්ත්‍රියක් ඒ අන්තඃපුරයේ ම සිටියා.

06. ඒ අන්තඃපුරයේ ම සිටියා පියකරු ළඳක්
ඕ ඉතා රූමත් ය, නුරා වැහෙන නෙතින් බලයි
නටන්ටත් ගයන්ටත්, ඈ නම් හරි සමත්
රජු වෙත අවුත් ඒ ළඳ, වැද කීවාය මෙය

"දේවයන් වහන්ස, නුඹවහන්සේගේ අනිත්ථිග
න්ධ කුමරුව කමිසුවෙන් පොළඹවා ගන්ට මට පිළිවන්.
හැබැයි ඔහු මගේ ස්වාමියා වෙනවා නම් පමණයි. එසේය
දේවයෙනි, ඔහු මගේ ස්වාමියා වෙනවා නම් පමණ ම යි."

07. මහරජුනි, රජකුමරා ඉදින්, මා ප්‍රිය හිමි වේ නම්
හැකිතරම් වෙහෙස, පොළඹවමි ඔහු කාමයෙන්
මෙය කිවු ඒ ළඳට, කීවාය රජ මෙසේ
'හරි කුමාරිය තී, මපුතු පොළඹවන්නී නම්

මනාසේ කම්සුවේ, හොඳින් ගැටගසන්නී නම්
සැබැවින් ම ඔහු තිගේ, ප්‍රිය හිමි ම වන්නේය

ඉන් පසු රජතුමා 'මේ කුමරියට කැමති පරිදි
අනිත්ථිගන්ධ කුමාරයාට උපස්ථාන කරන්ට අවසර දෙමි'
කියා ඒ සඳහා අවස්ථාව ලබාදුන්නා. කුමරිය හිමිදිරියේ
ම වීණාවත් රැගෙන කුමාරයා නිදන යහන්ගැබට නුදුරින්
හිඳ, මියුරු ගී සරින් කව් බැඳ වීණාවත් වාදනය කළා.

08. කුමරිය ගියා කුමරුගෙ, සිරියහන් ගැබ අසලට
    වීණාවෙ තත් පිරිමැද, කන්කලු නාද පැතිරුණා
    ළයාන්විත තොඳොල්, කෝමල හඬින් ගයමින
    බොහෝ විසිතුරු කව් බැඳ, කීවා කුමරු පිළිබඳ

09. සයනේ වැතිරගෙන, නෙත් සඟල පියාගෙන
    කුමරා අසා සිටියා, නාදයට මන මෝහන
    ටිකෙන් ටික කුමරු සිත, පෙළඹුණා කම්සුවයට
    ජනයා අතින් ඒ හඬ, කාගෙදැයි ඇසුවේය ඒ දින

10. සැබැවින් ම කෝමල ය, ඒ සිහින් හඬ කාගෙද?
    උස් පහත් මියුරු සරින්, ළයාන්විත පෙම් හඬින්
    කව් ගී ද මන නදින්, මසිත කුල්මත් වේ සොඳින්

11. අනේ කුමරුනි එයා, ඉතා පියකරු ළඳක්
    මියුරු තෙපුලින් ගයා, නටන්ටත් ඇ සමත්
    නුඹවහන්සේට ඇ හා, කෙළිදෙළෙන් ඉන්ට ඇත්නම්
    මීටත් වඩා තොප සිත, කුල්මත් වෙලා යනු ඇත

12. එසේ නම් ඒ ළඳ, මා අසලට පැමිණ
    නුදුරෙහි ම හිඳගෙන, මියුරු කව් ගී ගයාවා!
    යහන්ගැබ අසල ම, ඇය ගයන ගී කව්පද

අසන්ට මා සිතට, කැමැත්තක් දැන් ඇති විය

13. බිත්තියෙන් එපිට හිඳ, කව් ගී ගැයූ ඒ ළඳ
භාවනා ගෙට පිවිස, දැන් ගයයි ගී මන නඳ
වනගැබෙහි හැසිරෙන, මහ ඇත්රජෙකු වටකොට
බැඳ සිර කරන ලෙස, කම්සුවට කුමරු සිර කළා!

14. ඒ ළඳ හා කම්සුවය, විදගත් කුමරු හට
අන් පුරුෂයන් පිළිබඳ, මහ ඉරිසියාවක් ඉපදුනි
සිත කය පිනවන, කාමයන් අයිති මට ම ය
අන් පුරුෂයෙකු හට, නොදෙමි කාමයට ඉඩකඩ

15. සිය කඩුව ගෙන අතට, දකින දකිනා පුරුෂයන් වෙත
වේගයෙන් කඩා පැන, මරන්නට පටන් ගති
මම පමණක් ම තනිවම, විඳ ගනිමි මේ කම්සුව
අන් පුරුෂයෙකු හට, නොලැබේවා මේ කම්සුව!

16. මිනිස්සු කලබල ව, මරඬියෙන් තැති අරගෙන
රජමැදුලට රැස් ව, සැලකළෝ පියරජු හට
මහරජුනි, තොප කුමරා, නිරපරාදේ පිරිමින්
දුටු දුටු තැන මරයි, කියමින් ඔවුන් හැඬුවා

17. කුමරුගේ විප්‍රකාරය, දැක කිපී පිය මහරජ
'එම්බා කුමාරය, මගේ විජිතය යම්තාක් වෙ ද
ඒ තාක් පෙදෙසෙහි, විසුමට නැත තට අවසර'
කියා සිය පුත් කුමරු, රටින් පිටුවහල් කරවී

18. තම බිරිය ද රැගෙන, කුමරා රටින් පිට විය
කෙමෙන් ඇවිද ගොස්, පැමිණියා මුහුදු වෙරළට
එහි කුටියක් තනා, වනෙන් පලවැල සොයා
දෙන්නා හුදෙකලාවේ, වාසයට පටන් ගත්තා

19. දිනක් එක් සෘෂිවරයෙක්, අහසින් යන අතර
    මුහුදු දිය මතින් අවුත්, පහත බැස්සා වෙරළට
    දනට කිසිවක් සොයා, කුටිය වෙත ගිය විට
    ඒ ළඟ තවුසාව, පොළඹවා ගති කාමරතියට
    කාම උගුලට හසුව, ඔහු බඹසරින් චුත විය
    හැම ඉර්ධි බලයක් ම, ඒ මොහොතේ ම නැති විය

20. පලවැල නෙළන්ට, වනයට ගිය කුමරු
    සිතමින් බිරිඳ ගැන, උරට ගෙන කඳකින් බර
    සවස් වීගෙන එන විට, ආවෙය සිය කුටියට

21. කුටියේ සිටි තවුසා, කුමරු දැක තැතිගත්තා
    ගෙයින් පැන දිව්වා, මුහුදු වෙරළට හනික ආවා
    අහසට නගින්නට, කෙතෙක් ගත්තත් වෑයම
    මුහුදු දිය කඳට ඔ, ගිලෙනවා ඔහු බියට ම

22. ඔහු පසුපසින් දිව ආ, කුමරා මෙය ද දැක්කා
    දියකඳෙහි ගැලෙනා, තවුසාට අනුකම්පාවෙන්
    කෑගසා මෙය කීවා

23. මා හිතන්නේ තොප, මුහුදු දිය මත ඇවිද
    මෙහි ආ ඉර්ධිමත්, අහස් ගමන් ඇති තවුසෙකි
    ගෑහැණියක හා වරදෙහි, බැඳී බඹසරින් චුත වී
    අසියෝ අසරණ ව, තොප ගිලෙනවා සයුරක

24. තම වසඟයට පිරිමින්, කරකවා ඇඳ බැඳ
    සිර කර දමන මායා, දන්නෝ ය මේ ගැහැනු
    පිරිමින්ගෙ බඹසර, වනසා දමා නැතිකොට
    අපායේ දොර යතුරු, හැර දෙති මේ ගැහැනු
    මෙය දැන නැණවතා, දුරින් දුරුකළ යුතුය ගැහැනිය

25. කොතෙක් පිරිමින් හා, කොපමණ වරක් ලැග්ග ද
    සෑහීමක් නොමැති, ඔවුන් පිනවිය නොහැකිය
    මායා බස් දොඩන, ඔවුන් ගලනා ගඟ වැනි
    පිරිමින්ගෙ බඹසර, වනසා දමා නැතිකොට
    අපායේ දොර යතුරු, හැර දෙති මේ ගැහැනු
    මෙය දැන නැණවතා, දුරින් දුරු කළ යුතුය ගැහැනිය

26. ගැහැනු සිය කැමැත්තෙන් හෝ, ධනයක් පිණිස හෝ
    පිරිමියෙකු පොළඹවත් නම්, ඇය සතු කම්සුවෙන්
    ගින්න හටගත් තැන, පළමුව දැවී යන ලෙස
    ගැහැනිය හා ලැග්ග, පිරිමියා දැවී යනු ඇත

27. කුමරුගේ මේ බස අසා, තවුසා වෙරළ මත සිට
    භාවනාවෙහි සිත, මනා ලෙස එකඟ කොට
    නැති වූ දැහැන් උපදවා, ඉර්ධි බල ලැබගෙන
    ඒ දෙසවත් නොබලා, නැග ගියා අහස්කුස

28. අහසින් යන තවුසා, දෙස බලා නෙතු නොපියා
    කුමරා ද මොහොතකින්, තමාවෙත සිත යොමුකළා
    අයියෝ මට නම් යළිත්, ගැහැණියක නම් එපා!
    මාත් ඒ තවුසා සේ, කාමයන්ගෙන් සිත මුදා
    බඹසර රැක දැහැන්, වඩන තවුසෙක් වෙමි මම්

29. ඒ මොහොතේ ම කුමරා, කාමාසාව දුරු කළා
    ගිහි බැඳුම් අත්හැර, තවුසෙක් බවට පත්වී
    සිතින් හැම කාමයන්, බැහැර කොට සිත එකඟ ව
    දැහැන් සමවත් උපදවා, තුටින් වාසය කොට
    මරණින් මතු ඔහු, ගියේ යළි බඹලොව

මෙය වදාළ භාග්‍යවතුන් වහන්සේ "මහණෙනි,

ගැහැනියකට ඉතා පිරිසිදු සත්වයන්ව පවා කෙලෙස් මලින්
කිලිටි කොට වනසන්ට පිළිවන්කම තියෙනවා." යි පවසා
චතුරාර්ය සත්‍ය ධර්මය වදාළා. ඒ දෙසුම අවසානයේ
ගැහැනියක වෙනුවෙන් පැවිද්ද අත්හරින්ට සූදානම් ව සිටි
භික්ෂුව සියලු කෙලෙසුන් නසා අර්හත්වයට පත්වුණා.
"මහණෙනි, එදා අනිත්ථිගන්ධ කුමරා ව සිටියේ මා ය"
කියා භාග්‍යවතුන් වහන්සේ මේ මහා පලොඦහන ජාතකය
නිමවා වදාළා.

12. පංච පණ්ඩිත ජාතකය
මෙය උම්මග්ග ජාතකයේ එන්නේය.

13. හත්ථිපාල ජාතකය

හත්ථිපාල බෝසත් කුමරාගේ කතාව

පින්වතුනේ, පින්වත් දරුවනේ,

ඒ දිනවල අප භාග්‍යවතුන් වහන්සේ වැඩවාසය කොට වදාළේ සැවැත් නුවර ජේතවනයේ. එදා දම්සභා මණ්ඩපයේ රැස්වූ භික්ෂුන් වහන්සේලා භාග්‍යවතුන් වහන්සේ ගිහි ජීවිතය අත්හැර දැමූ අසිරිය ගැන, මහහිනික්මන පිළිබඳ කතා කරමින් සිටියා. ඒ අවස්ථාවේ භාග්‍යවතුන් වහන්සේ එතැනට වැඩමවා වදාළා. භික්ෂුන් වහන්සේලා කතා කරමින් සිටි කරුණ භාග්‍යවතුන් වහන්සේට සැලකළා. "මහණෙනි, දැන් පමණක් නොවේ, පෙර ආත්මවලත් තථාගතයන් ගිහිවාසය අත්හැර අබිනික්මන් කොට තියෙනවා." යි පවසා මේ අතීත කතාව ගෙනහැර දක්වා වදාළා.

යටගිය අතීතයේ බරණැස් පුර ඒසුකාරී නමින් රජෙක් රාජ්‍ය විචාරමින් සිටියා. ඒ රජ කුඩා කාලයේ පටන් පුරෝහිත බ්‍රාහ්මණයෙකුට හිත මිතු ව වාසය කළා. දෙන්නාට ම දරුවන් නෑ. දිනක් මේ දෙන්නා සැප කතාවෙහි යෙදි සිටියදී මෙවැනි එකඟතාවයකට පැමිණියා. "දැන් අපට බොහෝ යස ඉසුරු තියෙනවා නොවැ. එහෙත් දුවක හෝ පුතෙකු නැති අපට අනාගතයේ

මක් වේ ද? අපි මෙහෙම කරමු. පුරෝහිත ළග පුතෙක්
උපන්නොත් ඔහුට රජකම දෙන්නම්. රජ මැදුරේ පුතෙක්
උපන්නොත් තොපගේ සම්පත්තියටත් මං ඔහු අධිපති
කරන්නම්.” කියා දෙන්නා ම කැමති වුණා.

දවසක් පුරෝහිත බ්‍රාහ්මණයා අයබදු ගන්නා ගමට
ගොස් එමින් ගමන දකුණු දොරටුවෙන් නුවරට පිවිසුණා.
නගරයෙන් පිට බොහෝ පුතුන් සිටිනා එක් දුගී ස්ත්‍රියක
දැක්කා. ඇයගේ පුතුන් සත් දෙනා ඉතාම නීරෝගී
සම්පන්නයි. එකෙක් කෑම පිසින භාජන ඔසොවාගෙන
යනවා. අනිකා නිදන රෙදි පිළි ඔසොවාගෙන යනවා.
තවෙකෙක් ඉදිරියෙන් යනවා. තවෙකෙක් පස්සෙන්
යනවා. තව පුතෙක් ඇඟිල්ලේ එල්ලී යනවා. තව එකෙකු
ඇකයෙන් ගෙනියනවා. පුංචි ම එකා පිටේ එල්ලාගෙන
යනවා. පුරෝහිත ඇය දෙස හොඳින් බලාගෙන සිටියා.
“ඇ යෝදියේ... කෝ මේ පොඩි එවුන්ගේ අප්පා...?”
“අනේ ස්වාමී, මේ ළමයින්ට ඉස්තීරෙට ම අසවලා පියා
ය කියා කෙනෙක් නෑ.” “එතකොට කොලු පැටවු ම හත්
දෙනෙක් ලැබුණේ කොහොමෙයි?”

එතකොට ඇයට කෙලින් උත්තරයක් දෙන්ට
බැරිවුණා. වටපිට බලද්දී ගම්දොරකඩ තිබූ මහා නුග
වෘක්ෂයක් දැක්කා. “ආං අර තියෙන්නේ ස්වාමී, මහා
වෘක්ෂ රාජයා. මං ඔතැනට ගොහින් වෘක්ෂ දේවතාවුන්ට
කීවා මට පිරිමි පුතාලා ම ඕනෑ ය කියා. දේවතාවා තමයි
මේ කොල්ලෝ ටික මට දුන්නේ.”

“ඕ... ඒක බොහොම හොඳා තොවැ. එහෙනම් දැන්
නුඹ පලයං.” කියා ඇයට පවසා රථයට නැගී කෙලින් ම

මහා නුගරුක ළඟට ගියා. රථයෙන් බැස, නුග ගසේ කඳින්
පහළට ආ මුල් සොලොවා "එම්බා දේවතාවා, තොප රජු
නිසා මොනාද නොලබන්නේ? අවුරුද්දක් පාසා කහවණු
දහසක් වියදම් කොට මෙතන පූජා තියෙනවා. එතකොට
කෝ රජ්ජුරුවන්ට පුතෙක් දුන්නා ද? ඒකට අර දිළිඳු
ගෑනිට පුතුන් සතක් දෙන්ට ඈ තට මොනාද කළේ?
ඕන්... මං කියන්නේ එහෙම බෑ... හැබැයි අපේ රජතුමාට
පුතෙකු නොදුන්නොත්, දවස් හතයි බලන්නේ හරිය..?
සත්වෙනි දවසේ මං ඇවිල්ලා හිටං ඔහේගේ විමානය
මුලින් ම සිඳලා කුට්ටි කරලා බිම බාවනවා. ඔව් ඔව්...
මයෙ හැටි එහෙම තමා."

නුගරුක් දෙවියා දුගී ගැහැනියට දුන් දරුවෙක් නෑ.
නමුත් හැබෑවට ම ඒ නුග රුකේ දේවතාවෙක් උන්නා.
තමන්ගේ විමානයට විපතක් සිදු වේ ය යන හය ඔහුට
හටගත්තා. ක්‍රමයෙන් දවස් ගෙවී යද්දී ඔහු තව තවත්
බිය වුණා. 'හරි වැඩේ නොවෑ වෙන්ට යන්නේ. හෙට
සත්වෙනි දවස. තවම පුරෝහිතගේ ඉල්ලීම ඉටු කරන්ට
බැරිවුණා. ඉදින් මං රජතුමාට පුතු ලාභයක් නොදුන්නොත්
පුරෝහිතයා මයෙ විමානය ඉතුරු කරන එකක් නෑ.
හපොයි... දැන් මොකදෑ කරන්නේ? කොයියම් ම හෝ
උපායකින් පුතු ලාභයක් ලබාදෙන්ට පිළිවෙළක් බලන්ට
වෙනවා.' යි සිතා කෙලින් ම සිව් වරම් මහදෙවිවරුන්
මුණගැසී තමන්ට වෙන්ට නියමිත විපත ගැන කරුණු
සැලකළා.

"හෝ... ඒකත් එහෙමද? ඉතින් අපටවත් එයැයිට
පුතු ලාභයක් දෙන්ට පිළිවෙළක් නෑ. කොක්කටත් අටවිසි
සෙන්පතිවරුන්ගෙන් අසා බලාපං." කියා ඔවුන් ළඟට

පිටත් කළා. එතකොට අටවිසි සෙන්පති දෙවිවරු මෙය කීවා. "හපොයි... හරිම කණගාටුදායකයි. අපටත් මැදිහත් වෙන්ට පිළිවන්කමෙක් නෑ නොවැ. හැබැයි සක්දෙවිඳු ළඟට යාගත්තොත් ඔහේගේ කටයුත්ත ඉෂ්ට කරගන්ට ඇහැක් වේවි."

එතකොට දේවතාවා සක්දෙවිඳු වෙත ගොස් සියලු පුවත් සැලකළා. රජ්ජුරුවන්ට ගැලපෙන පුතුන් වෙන්ට නිසි කවුරුත් සිටීදැයි විමසා බැලූ සක්දෙවිඳුගේ දිවනෙතට පින්වත් දෙවිවරුන් සතර දෙනෙකු පෙනුනා.

ඒ දෙවිවරු පෙර ආත්මයේ බරණැස සිටි රෙදි වියන්නෝ. ඔවුන් ධනය පස් කොටසකට බෙදා සතර කොටසක් තමන්ගේ වියදමට ගත්තා. පස්වෙනි කොටස පසේබුදුවරයන් වහන්සේලා උදෙසා දන් දීමට වියදම් කළා. ඒ පිනෙන් තමයි මරණින් මතු තව්තිසාවේ උපන්නේ. තව්තිසාවේ ආයු ඇතිතෙක් සිට චුත වූ පසු යාම ලොව උපදිනවා. මෙසේ අනුපිළිවෙළින් දෙව්ලෝ සයෙහි ම උපන්නා. යළිත් ඔවුන් තව්තිසාවේ ඉපිද සිටියදී ආයුෂ අවසන් ව යාම ලොව උපදින්ට යි නියමිත ව තිබුණේ. සක්දෙවිඳු ඔවුන් වෙත ගොස් ළඟට කැඳවා "නිදුක්වරුනි, තොපට දැන් මනුලොව උපදින්ට අවස්ථාවක් තියෙනවා. ඒසුකාරී රජුගේ අගමෙහෙසියගේ කුසේ පිළිසිඳ ගන්ට."

"අනේ දෙවිරජුනි, අපි මනුලොව උපදින්ට යන්නම්. නමුත් රජපවුලක උපත ලබා අපට පලක් නෑ. පුරෝහිත බ්‍රාහ්මණයාගේ නිවසේ උපන්නොත් යොවුන් කාලයේ ම ගිහිවාසය අත්හැර අපට පැවිදි වෙන්ට පුළුවන් වේවි."

"ඒකට කමෙක් නෑ. ඒ අදහස හොඳා." යි සක්දෙවිඳුත්

එය අනුමත කළා. ඔවුන්ගෙන් ප්‍රතිඥා ගත් සක්දෙවිඳු රුක්
දෙවියාට එය පැවසුවා. මහත් සතුටට පත් රුක්දෙවියා
සක්දෙවිඳු වැඳ යළි විමනට ආවා.

පසුදා පුරෝහිත බ්‍රාහ්මණයා බලවත් පුරුෂයින්
කිහිප දෙනෙකු ද ගෙන පොරෝ, කෙටේරි, උදලු ආදියත්
සමග රුක්මුලට පැමිණ අත්තක් අල්ලා මෙය කීවා.
"එම්බා දේවතාවා, අද මයෙ අවසන් දවස හරි ය...? දැන්
තොපගේ කාලය නිමා වුණා." එතකොට ම රුක් දෙවියා
මහත් ආනුභාවයෙන් යුතුව නුගරුක් කඳ අතරින් මතු ව
මිහිරි හඬින් ඔහු ඇමතුවා.

"එම්බා බ්‍රාහ්මණය, එක් පුත්‍රයෙක් නොවේ. පුතුන්
සිව් දෙනෙකු ම තට දෙනවා." "නෑ... මට ඕනෑන්නේ නෑ.
අපේ රජතුමාට පුතෙකු ඕනෑ ම යි." "බෑ... මං දෙන්නේ
තොපට ම යි." "අනේ එහෙම කරන්ට එපා! එහෙනම්
රජුට පුතුන් දෙන්නයි, මට පුතුන් දෙන්නයි දෙන්ට."
"බෑ... එහෙමත් බෑ. සිව් දෙනා ම දෙන්නේ ඔහේට
විතරයි. හැබැයි ඒ දරුවන්නේ අනාගතය මේකයි. එයාලා
ගිහිගෙයි රඳින්නෑ. යොවුන් වියේදී ම පැවිදි වේවි."
"හරි... ඒකට කමෙක් නෑ. ඔහේ මට දරුවෝ දෙන්ටකෝ...
පැවිදි කරන නොකරන එක මයෙ වැඩක්."

මෙසේ ඒ දේවතාවා පුරෝහිත බමුණාට පුත්‍ර වරය
දී සිය භවනට වැදුණා. එතැන් පටන් දේවතාවාට මහත්
සත්කාර උපන්නා. වැඩිමල් දෙව්පුතු චුත ව පුරෝහිත
බැමිණියගේ කුසෙහි උපන්නා. ඔහුට හත්ථිපාල යන නම
ලැබුණා. අනාගතයේ පැවිදි වෙන්ට බැරි විදිහට දරුවා
ඇත්ගොව්වන්ට භාර දුන්නා. දැන් හත්ථිපාල වැඩෙන්නේ
ඔවුන් ළඟ.

ඔහු දුව ඇවිදින කාලයේ තව පුතෙක් උපන්නා. ඔහුට අස්සපාල යන නම තබා අස්ගොව්වන්ට භාර දුන්නා. ඔහු වැදෙන්නේ අස්ගොව්වන් ළඟ. ටික කලකට පසු ඈ තව පුතෙකු බිහි කළා. ඒ දරුවාට ගෝපාල යන නම ලැබුණා. ගෝපාල වැදෙන්නේ ගොපලු ගමේ. තව කලක් යද්දී ඈ තව පුතෙකු බිහි කළා. ඔහුට අජපාල යන නම ලැබුණා. එළුවන් බලා ගන්නා අයට ඔහු භාර දුන්නා. මෙසේ පුතුන් සතර දෙනා ඉතාම නීරෝගී ව, සුවපත් ව ක්‍රමයෙන් වැඩී, ජවසම්පන්න වී, රූප ශෝභාවෙන් අග්‍ර ව සිටියා. ඔවුන් පැවිදි වේ ය යන බිය නිසා පුරෝහිත බ්‍රාහ්මණයා බරණැස් විජිතය සියලු පැවිද්දන්ට තහනම් කළා. මුළු කාසි ජනපදය ම පැවිද්දන්ගෙන් හිස් වුණා.

මේ ගැටව් සිව් දෙනා ම සැඩපරුෂ යි. කෙළි සෙල්ලමෙන් යුක්ත යි. ඔවුන් යම් දිශාවකට ගියොත් රජු උදෙසා මිනිසුන් ගෙනයන පුද පඬුරු පවා පැහැර ගන්නවා. හත්ථිපාල සොළොස් වියේදී හැඩකාර තරුණයෙක් වුණා. දිනක් රජත් පුරෝහිතත් කුමාරවරුන් ගැන කතා වුණා. "දැන් අපේ කුමාරවරු හරිම ශෝභාසම්පන්නයි. සේසත් නංවන කාලය හරි. හැබැයි සේසත් එසවුවාට පස්සේ මෙයාලා පමණ ඉක්මවා තීරණ ගන්ට බැරි නෑ. ආයෙමත් පැවිද්දෝ එන්ට පටන් ගනීවි. පැවිද්දන් දුටු ගමන් මෙයාලා පැවිදි වේවි. මේ දරුවන් පැවිදි වුණොත් මුළු කාසි ජනපදය ම කැළඹේවි. අපි මුලින් ම මේ අයගේ අදහස් විමසමු. දෙවනුව සේසත් නැංවීම කරමු."

මෙසේ කතා වූ රජත් පුරෝහිතත් දෙදෙනා තවුසන්ගේ වෙස් ගෙන පිඬුසිඟා යන ව්‍යාජයෙන් හත්ථිපාල කුමාරයා සිටි නිවස ඉදිරියට ගොස් සිටගත්තා. හත්ථිපාල කුමාරයා

තවුසන් දුටු ගමන් සතුටට පත්වුණා. ඉක්මනින් ම ඇවිත් වන්දනා කොට මේ ගාථාවන් කීවා.

01. හප්පේ සෑහෙන කලකින් නොවැ,
    තවුසන්ව බැහැදැක්කේ
    මනා රූසටහන් ඇති, හිස ජටාමඬුලු ද ඇති
    තවුස් පිරිකර දරා, මැලියම් බැඳුණු දත් ඇති
    හිස ධූලි තැවරුන තවුසන්ව දැකගත්තා

02. දහම් ගුණයෙහි ඇලී, කසාවත් ගත දරා
    වැහැරි සිවුරු ඇති මේ සෘෂිවරුන් දෙදෙනා
    දැකගන්ට ලැබුණේ සෑහෙන කලෙකින් නොවැ

03. පින්වත්නි, අපගේ මේ ආසන හා පැන් ද
    තෙල් ද පය ගල්වන, මේ උතුම් දෑ අපගේ
    පිළිගත මැනව මෙය, එයයි අප අසන්නේ

මෙසේ තවුසන් ලෙස ගොස් ආවා. දිනක් තවුස් වෙස් ගත් පුරෝහිත හත්ථිපාලට මෙය කීවා. "දරුවෝ හත්ථිපාල, තොප දන්නවා ද මේ කතා කරමින් සිටින්නේ කවුරු සමග ද කියා?"

"අනේ මං හිතන්නේ තමුන්නාන්සේලා හිමාලයේ ඉන්න ඉසිවරු කියලයි."

"නෑ දරුවෝ අපි සෘෂිවරු නෙවෙයි. මේ ඉන්නේ ඒසුකාරී රජතුමා. මං තොපගේ පිය පුරෝහිත බ්‍රාහ්මණයා."

"අනේ ඇයි ඔයාලා මාව මෙසේ විමසන්නේ?"

"දරුව, තොප අප දැක පැවිදි වෙන එකක් නෑ කියා සිතුවා. දැන් අපි තීරණයකට ආවා. තොපව අභිෂේක කොට රජකම පවරනවා."

"අනේ පියාණෙනි, රජකමෙන් පලක් නෑ. මට පැවිදි වෙන්ට ඕනෑ."

"පුත හත්ථිපාල, මේ තොපට පැවිදි වෙන්ට කාලය නොවෙයි." කියමින් මේ ගාථාව කීවා.

04. පළමුව වේදය දැන, මුදල් උපයා ගත යුතු
    ගිහිගෙයි කලක් වැස, අඹුදරුවන් ද සමගින
    පස්කම් සැපය විඳ, පසුව ගෙය අත්හැර
    වනගත ව පැවිදි ව, තවුසෙකු වූ විට
    නුවණැත්තන් විසින් පසසනු ඇත තොපට

හත්ථිපාල :-

05. වේදයේ සත්‍යය නැත, ධනයෙන් ද මට පලක් නැත
    පුතුන් ලද පමණින්, ජරා දුක නැති නොවේ
    සංසිඳුණු උතුමෝ, අත්හරිත් ම යි කම්සුව
    තමා විසින් කරගත්, දෙයින් උපදින එලය යි
    ලොව සියලු සත්වගට ඇත්තේ

රජතුමා :-

06. ඒකාන්තයෙන් ම දරුව, තොප කීයේ සැබෑවකි
    තමා විසින් කරගත්, දෙයින් උපදින එලය යි
    ලොව සියලු සත්වගට ඇත්තේ
    තොප මහලු මාපියන්, නිරෝගී ව සියවසක් විසුව ද
    ඔවුන් දැකුමත් තොපට, යහපත් දෙයක් නොවැ

දරුව, තොපගේ මාපියන් නිදුක් ව නීරෝගී ව සියවසක් දකිමින් තොප ජීවත් වේවා! කියා මා කියන්නේ ගිහිගෙයි වාසය කොට, සිය වසක් මාපියන් පෝෂණය කරව යන අරුත යි." එවිට හත්ථිපාල කුමාරයා "දේවයන්

වහන්සේ කුමක් කියන සේක් ද?" යි මේ ගාථාවෙන් පිළිතුරු දුන්නා.

07. යමෙකුට මරණය හා යහළු විය හැකි නම්
      යමෙකුට ජරාව හා මිතුරුකම් කළ හැකි නම්
      යමෙක් දනී නම් මම සදා ජීවත් වෙමි කියා
      සිය වසක් ගෙවා නිරෝගි ව සිටින ඔහු දකිම් මම්

08. නැවක් ගෙන පුරුෂයෙක්, දියඹට රැගෙන යයි නම්
      ඒ නැව ම නැවතත්, ඉවුරට රැගෙන ඒ නම්
      එලෙසින් ම ලෙඩ දුකත්, ජරාවත් නිබඳවම
      සත්වයා මරණය වෙත, නිසැකවම රැගෙන යනු ඇත

මෙසේ ජීවිතය වහා ගෙවී අවසන් වන බව පැවසූ හත්ථිපාල කුමාරයා "මහරජ, තොප ගිහිගෙයි ම සිටිත්වා! තොප සමග කතාබස් කරන මේ මොහොතේ පවා මා වෙත ලෙඩදුක් ජරාමරණ පැමිණේ. අප්‍රමාදි ව වසනු මැන නිරිඳුනේ." යි රජතුමාටත් පියාණන්ටත් වැද, තමන්ගේ පිරිසත් ගෙන, මං පැවිදි වෙන්ට යනවා යි කියා නික්ම ගියා.

"අහෝ... මේ පැවිද්ද යනු මෙතරම් ම සොඳුරු දෙයක් ද!" යි කියමින් හත්ථිපාල කුමාරයා සමග යොදුනක දුර වාසය කළ පිරිස ගිහිගෙය අත්හැර නික්ම ගියා. කුමාරයා පිරිසත් සමග ගංගා නදීතෙරට පැමිණියා. ගංගා නදිය දෙස බලා සිට වහා සිත එකඟ කොට ධ්‍යාන උපදවා ගත්තා. හත්ථිපාල කුමරා මෙය සිතුවා. 'මේ පිරිස තවදුරටත් බොහෝ සෙයින් වැඩි වේවි. මගේ බාල සොයුරන් තිදෙනොත්, මාපියනුත්, රජත්, දේවියත් සියලු පිරිස ඉදිරියට පැවිදි වේවි. බරණැස මිනිසුන්ගෙන් හිස්

වේවි. ඔවුන් හැම එනතෙක් මෙහි ම ඉන්ට ඕනෑ’ යි සිතා තමා හා අබිනික්මන් කළ මහජනයාට අවවාද දෙමින් උන්නා.

පසුදා රජාත් පුරෝහිතත් මෙය කතා වුණා. "ආං... පැවිදි වෙන්ට ඕනෑ යි කියා අපගේ හත්ථිපාල කුමාරයා මහජනයාත් සමග නික්ම ගොහින් ගංගා නදීතෙර ඉන්නවා. එහෙනම් අපි අස්සපාලව හෝ අභිෂේක කරන්ට බලමු." යි තවුසන්ගේ වෙස් ගෙන අස්සපාල සිටි නිවසට ගියා. ඔහුත් හත්ථිපාල සේ ම කටයුතු කළා. එතකොට අස්සපාල කුමාරයාට ඔටුණු පළඳින අදහස ඉදිරිපත් කළා. එතකොට කුමාරයා මෙය කීවා.

"හපොයි පියාණෙනි, එහෙම කොහොමෙයි කරන්නේ? හත්ථිපාල කුමාරයා නොවැ වැඩිමල්." "අඤ් පුතේ, හත්ථිපාල තමාට රජකමෙන් පලක් නැත, පැවිදි වෙන්ට යනවා ය කියා ගියා නොවැ." "අනේ අපේ අයියණ්ඩි ගියේ කොහෙද පියාණෙනි?"

"ආං... ගංගා නදීතෙර ඉන්නවා ය කියන්නේ." "පියාණෙනි, අපගේ අයියණ්ඩි කාරා බිම දැමූ කෙළපිඩ මට ඕනෑන්නේ නෑ. අනුවණ බාලයන්ට නම් කෙලෙස් අත්හරින්ට අමාරු තමයි. නමුත් මාත් ගිහිගෙය අත්හරිනවා." යි රජුටත් පියාටත් ඔවදන් දෙමින් මේ ගාථාවන් කීවා.

09.	කාමය මඩ වගුරකි, එහි ම බැසගත්විට
	ඔහු තව තවත් යටට ම එරී යයි
	එහි ම සිත බැඳ තබයි
	කාම මඩ තරණය, පහසුවෙන් කළ නොහැකිය

මරණය කරා යන තෙක් ම ඔහු නොදනියි
ගැලෙන ලැගෙන කාම මඩෙහි ගිලුණු සත්වයෝ
සිරිහී යනවා කෙමෙන්, එතෙර වෙන්ට නම් බැ

10. මීට කලින් මා අස්ගොව්වන් හා එකතු ව
මං පැහැරීම් කොට බොහෝ වැරදි කළා
මා අතින් වූ වරදින් බේරෙන්ට බැනේ මට
දැන්වත් කය වචන සංවර කරගන්ට ඕනෑ
අකුසලින් බේරාගෙන දිවිය රකගන්ට ඕනෑ
නැවත කිසිදා මේ දිවියෙන් පව්කමක් නොකෙරේවා!

මෙසේ පැවසූ අස්සපාල කුමාරයා "මහරජුනි,
තොප ගිහිගෙයි ම වසනු මැනව. තොප සමග මා කතා
කරමින් සිටින මේ කාලයේ පවා ලෙඩ දුක් ජරා මරණ
මා කරා එමින් සිටී." යි කියා යොදුනක් පුරා සිටි පිරිස
ද සමගින් ගිහිවාසය අත්හැර හත්ථීපාල කුමාරයා වෙත
ගියා. හත්ථීපාල කුමාරයා අහසේ වැඩහිඳ දහම් දෙසුවා.
"සොයුර, මේ පිරිස තවත් වැඩිවෙනවා. එනිසා අපි මෙහි
ම හිඳිමු." යි කීවා. අස්සපාල කුමරාත් පිරිස සමග එහි
නැවතුණා.

පසුවදා රජත් පුරෝහිතත් නැවත තවුස් වෙස් ගෙන
ගෝපාල කුමරු සිටි නිවසට ගියා. පෙර පරිදි ම කතාබස්
කොට තමන් ආ කරුණ කීවා. ඔහුත් අස්සපාල කුමාරයා
සේ ම රජකම ප්‍රතික්ෂේප කළා. "අනේ මං ගොඩ කලක්
තිස්සේ ආසාවෙන් සිටියේ පැවිදි වෙන්ට ම යි. වනයේ
මගහැරුණු ගොනෙකුව සොයන ගොපල්ලෙක් වගේ
මාත් පැවිදි වෙන්ට පිළිවෙළක් ම යි සොය සොයා
සිටියේ. වනේ මගහැරුණු ගවයාගේ කුර සටහන් ඔස්සේ

යනවා වගේ මාත් මගෙ සොයුරන් ගිය මග දැක්කා. ඒ මගින් ම මටත් යන්ට ඕනෑ.” යි මේ ගාථාව කීවා.

11. වනයේ මගහැරුණු ගවයා සොයායන පුරුෂයා සේ
     පැවිදි වන හැටි නොදැක, එය ම සෙව්වා මං රජුනි,
     ඒසුකාරී රජුනි, එය මං දැන්,
     කෙසේ නම් නොසොයා ඉන්ටද?

එතකොට රජතුමා මෙය කීවා. “අනේ පුත්‍රය, එහෙම කියලා ඇහැක? අඩු ගණනේ සතියක් දෙකක්වත් අප සනසා පසුව පැවිදි වෙන්ට බැරියැ.” “මහරජ, අද කළයුතු ව තිබෙන දෙය හෙට කරන්නම් ය කියා කීම හරි නැත. ඉතා යහපත් දෙය කිරීමට ඇයි අපි පමා වන්නේ? එය අද ම කළයුතු නොවැ.” යි මේ ගාථාව කීවා.

12. අද ම කළයුතු දෙය හෙටට කල් දමයි නම්
     හෙට කළයුතු දේ අනිද්දාට කල් දමයි නම්
     සිරිහීම පමණ ම යි ඔහුට නම් ලැබෙන්නේ
     මතුවට ලැබෙන උතුම් දෙය
     දැන් ම නැති වී යන වග, හොඳින් දන්නා නැණවතා
     ඒ කුසලචඣන්දය කිසිසේත් නෑ අත්හරින්නේ

මෙසේ කියූ ගෝපාල කුමරා “මහරජ, තොප ඔහි ම සිටිත්වා! තොප සමග මා කතා කරන වේලේ පවා ලෙඩ දුක් ජරා මරණ මා වෙත එනවා.” යි කියා යොදනක් පුරා සිටි පිරිසත් සමග නික්මුණා. ගංගා තීරයට ගොස් සොයුරන් දෙදෙනා සමීපයට ගියා. හත්ථිපාල කුමාරයා අහසේ වැඩහිඳ ඔහුටත් බණ කීවා. ඔහුත් එතන ම නැවතුණා.

පසුවදා කලින් වගේ ම රජත් පුරෝහිතත් තවුස් වෙස් ගත්තා. අජපාල කුමාරයා සිටි නිවසට ගියා. තමන් පැමිණියේ අජපාල කුමාරයාට සේසත් නැංවීමේ උත්සවය සඳහා කියාත් පවසා සිටියා.

"එතකොට පියාණෙනි, මයෙ අනිත් සොයුරු තුන්දෙනා කොයිබද? එයාලා නෙවෙද සුදුසු?"

"ඕං. එයාලා තමුන්ට රජකම එපා ය, පැවිද්ද හොඳ ය කියා පිරිසත් සමග ගොහින් ගංගා නදී තෙර ඉන්නවා."

"හපොයි... මං මොකටෙයි එහෙනම් මයෙ සොයුරන් කාරා වීසිකළ කෙළ පිඬ හිස මත තියාගෙන හැසිරෙන්නේ? මාත් පැවිදි වෙනවා."

"අනේ පුතේ, ඔයා කොහොමෙයි පැවිදි වෙන්නේ? තවම කුඩා නොවැ. අපේ භාරයේ නොවැ තවම ඉන්නේ. ලොකු වුණාම පැවිදි වෙන්ට ඇහැකි නොවැ."

"අහෝ පියාණෙනි, මොනාද මේ කියන්නේ? උපන් සත්වයා කුඩා කාලෙත් මහලු කාලෙත් කොයියම් ම කාලෙකත් මැරෙනවා නොවැ. මෙයැයි කුඩා කාලයේ මැරෙන්නේ, මෙයැයි මැරෙන්නේ නාකි වෙලා ය කියා අතේ හෝ පයේ හෝ දැනගන්ට නිමිත්තක් තියේ ද? මයෙ මරණය සිදුවෙන දවස මා දන්නෙත් නෑ. එනිසා දැන් ම පැවිදි වෙන්ට ඕනෑ." යි මේ ගාථාව කීවා.

13. වැටකෙයියා මලක් වගේ දෑස් දිලිසෙනා
    අඟර දඟර පානා පොඩි එකියක මා දැක්කා
    කම් සැප විඳ නැති කුඩා කාලයේ සිටි ඈ
    මරණය ඇවිත් වහා දැහැගෙන ගියා

14. කඩවසම් පෙනුම ඇති, උස මහත හැඩරුව ඇති
    කුසුම්භ මල් රේණු සේ, ලස්සන රවුලකුත් ඇති
    යොවුන් කුමරා පවා, මරු වසඟයට යනවා
    මහරජුනි, මාත් කාමයන් අත්හැර
    පැවිද්දට යන්ට ඕනෑ, එයට අවසර දුන මැන

මෙසේ කියා අජපාල කුමරු "මහරජුනි, පියාණෙනි,
තොප සිටිනු මැනව. තොප සමඟ දොඩන මොහොතේ
පවා ලෙඩ දුක් ජරා මරණ මා පසුපස එයි." කියා ඔවුන්ට
වන්දනා කොට යොදනක පිරිසත් සමඟින් සිය සොයුරන්
වෙත ගියා. හත්ථිපාල කුමාරයා අහසේ වැඩහිඳ අජපාල
කුමරුටත් බණ කීවා.

පසුවදා පුරෝහිත බ්‍රාහ්මණයා පුටුවේ වාඩිවී
කල්පනාවට වැටුණා. 'හ්ම්... මයෙ පුතාලා සිව්දෙනා ම
පැවිදි වුණා. මාත් දැන් නිකාම් ම නිකං මිනිස් කණුවක්
වගේ. මං මොකටෙයි මෙහේ ඉන්නේ? මාත් පැවිදි
වෙනවා.' යි සිතා බිරිඳ හා කතා කරමින් මෙය කීවා.

15. අතු ඉති විහිදී ඇති රුකටයි ගස ය කියා කියන්නේ
    ඒ අතු ඉති නැති විට කණුව කියා කිව යුත්තේ
    මාත් අද පුතුන් නැති, අතු නැති කණුවක් වගෙයි
    වාසෙට්ඨී බැමිණියනි, මටත් පැවිදි වීමට කාලය යි

පුරෝහිත බ්‍රාහ්මණයා මෙය පවසා බ්‍රාහ්මණයන්
කැඳෙව්වා. සැටදහසක බ්‍රාහ්මණ පිරිසක් ආවා. "මිතුරනි,
තොප දන්නවා නොවැ මයෙ පුතුන් සිව්දෙනා ම පිරිවර
සමඟ පැවිදි වෙන්ට ගියා. මාත් පැවිදි වෙන්ට යනවා.
තොප කුමක් ද කරන්නේ?"

"බ්‍රාහ්මණය, තොප අපගේ ආචාර්යපාදයෝ නොවැ. 'මං මයේ පුතුන් ළඟ පැවිදි වෙන්ට යනවා' කියනවා නොවැ තොප. ඇයි ඉතින් තොපට පමණ ද නිරය රස්නෙ? එහෙනම් අපිත් පැවිදි වෙනවා."

එතකොට පුරෝහිත බමුණා අසුකෝටියක ධනය බිරිඳට පවරා දී යොදුනක් පුරා සිටි බ්‍රාහ්මණ පිරිසත් රැගෙන තම පුතුන් සිටි ගංගා නදීතෙරට ගියා. හත්ථිපාල කුමාරයා අහසේ වැඩහිඳ ඒ පිරිසටත් බණ කීවා.

පසුවදා බැමිණිය සිතන්ට පටන් ගත්තා. 'මයේ පුතුන් සිව්දෙනා රාජත්‍රය අත්හැර පැවිදි වෙන්ට ගියා. පුරෝහිත තනතුරේ සිටි මයේ ස්වාමියාත් අසුකෙළක ධනය අත්හැර පුතුන් ළඟට ම ගියා. මං මොටද මේ ගේක තනි වී? මයේ දරුවන් ගත් මඟ මාත් ගන්නවා.' යි උදානයක් කීවා.

16. කොස්වාලිහිණියන් අහසේ නොගැටී පියාසලනවා
     වැසි කලට එලන දැල් සිඳ හංසයනුත් පලා යනවා
     මයේ පුතුන් හා සැමියන් කාම දැල සිඳ බිඳ
     විමුක්තිය සොයාගෙන පැවිදි වෙන්නට ගියා
     ඇයි ඉතින් දැන් මාත් පැවිදි වෙන්ට නොයන්නේ?

ඇය තමන්ගේ අදහස පැවසීමට බැමිණියන් කැඳෙව්වා. "මයේ අදහස දැන් පැවිදි වෙන්ටයි. ඔයාලාගේ තීරණය කුමක්ද?" "ආර්යාවෙනි, තොපගේ අදහස පැවිද්ද නම් අපටත් වෙන අදහස් නෑ. අපත් පැවිදි වෙනවා." යි ඔවුනුත් සියලු ධනය අත්හැර බැමිණිය හා එක්වුණා. යොදුනක පිරිසක් රැගෙන බැමිණියත් සිය පුතුන් වෙත ගියා. හත්ථිපාල කුමාරයා අහසේ වැඩහිඳ

ඔවුන්ටත් බණ කීවා.

පසුවදා බරණැස් රජ පුරෝහිත කොහිදැයි විමසුවා. "දේවයෙනි, පුරෝහිත බ්‍රාහ්මණයාත් බැමිණියත් සියලු ධනය අත්හැර, යොදුන් දෙකක පිරිසත් ගෙන, පැවිදි වෙන්ට යනවා ය කියා තමුන්නේ පුත්‍රයන් ළඟට ගියා නොවැ."

"එහෙනම් පුරෝහිතගේ ධනය දැන් හිමිකාරයෙක් නැතිකොට රජයටයි අයිති. ඒ ධනය රාජභාණ්ඩාගාර-යට රැගෙන එව්." කියා අණ කළා. එවිට අගමෙහෙසිය "මහරජ, මේ කුමක්ද කරන්නේ?" කියා ඇසුවා. "හැයි... පුරෝහිතගේ සියලු වස්තුව භාණ්ඩාගාරයට ගෙන්නනවා." "ඇයි දේවයෙනි, පුරෝහිතට මක් වුණා ද?" "පුරෝහිත එයැයිගේ බිරිදත් පිරිවරත් ඇත්ත පුතුන් ළඟට ගියා කියන්නේ පැවිදි වෙන්ට."

එතකොට දේවිය මෙය සිතුවා. 'අයියෝ... මේ රජ්ජුරුවෝ සිතන හැටි. පුරෝහිතත් බිරිදත් පුතුන් සිව්දෙනාත් කාරා බිම දැමූ කෙළ පිඬට මෝහයෙන් මුලා වී තමුන්නේ ගෙදරට ගොඩගසා ගන්නවා. මෙයැට තේරුම් කරවන්ට උපායක් සදන්ට ඕනෑ.' යි බලුමස් ගෙන්වා රජමිදුලේ ගොඩක් ගසා උස් දැලකින් එය වටකළා. ගිජුලිහිණියෝ දුර සිට ම දැක ඇවිත් දැල ඇතුළට පාත්වුණා.

ඔවුන් අතර සිටි නුවණැති ගිජුලිහිණියෝ තමන් දැලක් තුළට ආ බව වටහාගත්තා. වැඩිපුර කන්ට ගියොත් ඉගිලෙන්ට බැරිව දැලේ සිරවෙන බව දැන, කෑ මසත් වමනය කොට, දැලේ නොපැටලී උඩට නැඟී පලා ගියා.

කෑමට ලොල් ගිජුලිහිණියෝ පලාගිය උන් දැමූ වමනයත් කා, කුස පුරවාගෙන ඉගිලෙන්ටත් බැරිව දැලට ම කොටු වුණා. එක් ගිජුලිහිණියක අල්ලාගෙන අවුත් දේවියට දුන්නා. දේවිය කුරුල්ලා අරගෙන රජු වෙත ගියා. "මහරජ, මෙහෙ ඇවිත් බලන්ට. අන්න රජමිදුලේ සිදුවෙන එක්තරා ක්‍රියාවක් තොපට බලන්ට ඇහැකි." යි සිමැදුරු කවුළ හැර මේ ගිජුලිහිණියන්නේ හැටි බලන්ට යි මේ ගාථාවන් කීවා.

17. අර බලන්ට ගිජුලිහිණින්නෙ හැටි
    කෑ මස් වමාරා පියාඹා පලා යනවා
    තව කෑදර ගිජුලිහිණි පිරිසක්
    හොඳට කා, වැමෑරු දේත් කා
    පියාඹා ගන්ට බැරිව දැලට සිරවී සිට,
    මා අතට හසුවුණා

18. බමුණාත් කාමය වමාරා දැම්මා
    තොප දැන් එය යසට කනවා
    රජුනි යම් පුරුෂයෙක්, අනුන් වැමෑරු දේ කයි නම්
    නුවණැතියන් විසින් ඔහුට නෑ පසසන්නේ

    දේවියගේ කියුම ඇසූ රජ විපිළිසර බවට පත්වුණා. සසර පැවැත්ම ගිනි ගත් තැනක් සේ වැටහී ගියා. 'එහෙනම් මාත් අද ම රජකම අත්හැර පැවිදි වෙන්ටයි වටින්නේ.' යි සිතා සංවේගයට පත්ව තමාට සිහි ඉපදවීම ගැන දේවියට තුති පුදමින් මේ ගාථාව කීවා.

19. මඩෙහි ගැලී එහි ම ගිලී, විපතට පත්වී සිටි
    අයෙකු මඩින් ගොඩ ගන්නට,
    මහ බල ඇතියෙක් ඕනෑ

එලෙසින් පංචාල රාජ්දියණි, කාම මදෙහි ඒරීසිට් මා
ඉතා අරුත්බර ගාථා කියා, එයින් ගොඩ ගත්තා

මෙසේ පැවසූ රජ ඒ මොහොතේ ම පැවිදි වෙන්ට
කැමති වුණා. ඇමතිවරුත් කැඳෙව්වා. "දරුවෙනි, තොප
ගන්න තීරණය කුමක්ද? මං නම් හත්ථිපාලයන් සමීපයට
පැවිදි වෙන්ට යනවා."

"දේවයන් වහන්ස, එතකොට අපි කොහොමෙයි
මෙහේ ඉන්නේ? අපිත් පැවිදි වෙනවා." දොළොස්
යොදුනක බරණැස් නගරය අත්හළ රජතුමා "රජකමෙන්
වැඩක් ඇති අය සේසත් ඔසොවා රජකම් කරත්වා!"
යි කියා ඇමති පිරිවර සහිතව, තුන් යොදුනක පිරිසක්
සහිතව, ගංගා නදියේ අසබඩ සිටි හත්ථිපාල කුමරා වෙත
ගියා. හත්ථිපාල කුමරා අහසේ සිට ඔඩුන්ටත් බණ කීවා.

20. බරණැස අධිපති ඒසුකාරී රජ, සිය පිරිස අමතා
    කසී රට අත්හැර, අබිනික්මන් කොට,
    පැවිදි වෙන්ට ගියා
    යදම් සිඳ බිඳ යන, මහා ඇත්රජෙකු සේ නික්මුණා

රජු සමග නොගොස් නැවතුණු ජනයා පසුවදා
රජමාලිගයට ගොස් දේවිය බැහැදැක "දේවින්නාන්ස,
අන්න අපගේ රජතුමා තුන් යොදුනක පිරිසක් හා
ඇමතිවරු සමග හත්ථිපාල කුමාරයා වෙත පැවිදි වෙන්ට
ගියා." යි සැලකොට සිටියා.

21. දේවියනි, අපගේ නරවීර උතුම් රජ
    සිය රට අත්හැර පැවිදි වෙන්නට ගියා
    දැන් ඔබතුමිය පමණයි, රජු වෙනුවෙන් සිටින්නේ

රජතුමා රජය කළ ලෙස, දැහැමි ව රජකළ මැනව
අපි රකිමු ඔබතුමිය, රාජ්‍යානුශාසනා කළ මැන

එයට පිළිතුරු වශයෙන් දේවිය මෙය කීවා.

22. අපගේ නරවීර උතුම් රජ, අත්හැර ගියා නම් සිය රට
    පැවිදිවෙන්ට ගියානම්, මේ සිත්කලු කාමයන් අතැර
    මමත් තනිවම ලොවේ හැසිරෙමි

23. අපගෙ නරවීර උතුම් රජ, අත්හැර ගියා නම් සිය රට
    පැවිදි වෙන්ට ගියා නම්,
    මේ කාමයන් ඔහේ තිබුණාවේ
    මාත් ඒවායේ පහස නොලබා,
    තනිවම ලොවේ හැසිරෙමි

24. හිරු උදා වූ තැන් පටන්, ගෙවී යන්නේ කාලය යි
    උපන් සතගේ ආයුෂත්, නසමින් ය ර ගෙවෙන්නේ
    සත්වයා බියපත් වූ විට, අත්හරියි ජීවිතය කෙමෙන්
    මේ සිත්කලු කාමයන් අත්හැර
    මමත් තනිවම ලොවේ හැසිරෙමි

25. හිරු උදා වූ තැන් පටන්, ගෙවී යන්නේ කාලය යි
    උපන් සතගේ ආයුෂත්, නසමින් ය ර ගෙවෙන්නේ
    සත්වයා බියපත් වූ විට, අත්හරියි ජීවිතය කෙමෙන්
    මේ තිබෙන කාමයන් ඔහේ තිබුණාවේ
    ඒවායේ පහස නොලබා,
    මමත් තනිවම ලොවේ හැසිරෙමි

26. හිරු උදා වූ තැන් පටන්, ගෙවී යන්නේ කාලය යි
    උපන් සතගේ ආයුෂත්, නසමින් ය ර ගෙවෙන්නේ
    සත්වයා බියපත් වූ විට, අත්හරියි ජීවිතය කෙමෙන්

හැම කෙලෙසුන්ගෙන් නික්ම
මමත් තනිවම ලොවේ හැසිරෙමි

ඇය මේ ගාථාවලින් කරුණු පවසා ඇමති
බිරින්දෑවරුන් කැඳවා මෙය කීවා. "තොප කුමක් කරන්ට
ද අදහස?" "දේවියනි, තොපේ අදහස කුමක්ද?" "මම
නම් පැවිදි වෙන්ට යනවා." "එසේ නම් අපිත් ගියා ම
මොකොද? අපටත් පැවිදි වෙන්ට ඕනෑ."

එතකොට ඈ රජමාලිගාවේ තිබූ රන් ගබඩා හැර,
අසවල් අසවල් තැන මහ නිධාන තිබේ ය කියාත්, ඕනෑ
ම අයෙකුට ඒවා රැගෙන යන්ට කියාත්, රන් පත්ඉරුවල
ලියා කණුවලට සවිකරවා, නුවර බෙර හසුරුවා, මහා
රාජසම්පත් අතෑර නගරයෙන් නික්ම ගියා.

එසැණින් මුළු බරණෑස් නුවර ම කැළඹී ගියා.
"රජතුමා පමණක් නොවේ, දේවියත් රාජ්‍යය අත්හැර
පැවිදි වෙන්ට යනවා ය කියා පිටත් ව ගියා. අපි දැන්
මෙහි සිට මක් කරන්ට ද?" යි මිනිසුනුත් ගෙවල් දොරවල්
අත්හැර, දරුවනුත් අතින් ගෙන පැවිදි වෙන්ට නික්මුණා.
තමන් අත්හළ දේ දෙස නැවත හැරී බලන්ටවත් කිසිවෙක්
හිටියේ නෑ. දොළොස් යොදනක මුළු බරණෑස් පුරවරය
ම ජනයාගෙන් හිස් වුණා. දෙතුන් යොදුනක ඒ පිරිසත්
නික්ම ගියා. හත්ථිපාල කුමරා අහසේ ම පලක් බැඳ ඒ
පිරිසටත් බණ කීවා. දොළොස් යොදුනක පිරිසත් ගෙන
හත්ථිපාලයෝ හිමාලය බලා පිටත් වුණා.

"හත්ථිපාල කුමාරයා දොළොස් යොදුනක බරණෑස්
නුවර හිස් කොට, ඒ සියලු සෙනඟත් සමග හිමවත බලා
පිටත් වුණා. දැන් අපි මොකදෑ කරන්නේ?" කියා තිස්

යොදුනක මුළ කාශී රටත් කැළඹී ගියා. ඔවුනුත් පැවිදි වෙන්ට තීරණය කළා. ඒ අතර තව්තිසාවේ සක්දෙවිදු මේ සිදුවීම දෙස බලා සිටියා. හත්ථිපාල කුමාරයා හා පැමිණි මහා ජන ගංගාවට පහසුවෙන් ඉන්ට තැනක් තියේ නම් හොඳය කියා සිතුවා. සිතා විස්කම් දෙව්පුතුට අණ කළා. "පුත්‍රය, යව. තොප ගොස් තිස් හය යොදුනක් දිග, පසළොස් යොදුනක් පළල අසපුවක් මවා, එහි පැවිදි පිරිකර සූදානම් කොට තබව."

"එසේය දෙව්රජුනි." යි කියා විස්කම් දෙව්පුතු ගංගා නදිය අසබඩ සක්දෙවිදු කී ප්‍රමාණයට ම අසපුවක් මැව්වා. එහි ආසනාදියත් පිළියෙල කොට, පැවිදි පිරිකරත් තබා, එක් එක් කුටිය ඉදිරියේ සක්මන් මළුව බැගිනුත් සකසා, සක්මන් කෙළවර නිල් කැටය සේ පිරිසිදු දිය ඇති ළිඳ බැගිනුත් මවා, ඒ අසල ම එළබර රුක බැගිනුත් මැව්වා. මේ සියල්ල සිදුවූයේ දේවානුභාවයෙන් ම යි.

හත්ථිපාල කුමාරයා වනයේ අඩිපාර ඔස්සේ තනි මගින් සක්දෙවිදු විසින් කරවූ අසපුවට පිවිස, ගිහිගෙය අත්හැර, 'තවුස් වත් පුරනුවන් සඳහා වෙන්කොට ඇත' යන දැන්වීම දැක, මෙය සක්දෙවිදුගේ කටයුත්තක් බව වටහාගත්තා. තවුස් පිරිකර ගෙන තමා පළමුව පැවිදි ව, සක්මනට බැස කීපවිටක් සක්මන් කළා. ඉන් පසු සියලු දෙනා ම පැවිදි කෙරෙව්වා. පොඩි දරුවන් සිටිනා ස්ත්‍රී පැවිද්දන්ට මැද කුටි දුන්නා. ඊළඟට මහලු ස්ත්‍රී පැවිද්දන්ට කුටි දුන්නා. ඊළඟට දරුවන් නැති ස්ත්‍රී පැවිද්දන්ට කුටි දුන්නා.

ඒ අතරේ තවත් රජෙක් බරණැස රජෙකු නැත කියා

දැන ඇවිත් අලංකාර ව සරසා ඇති රජමැදුරට ගොඩවුණා.
තැන් තැන්වල ගොඩ ගසා ඇති රන්, රිදී, මුතු ආදිය දැක
'හෝ හෝ... මෙවැනි සිරි සැපතින් පිරි ගිය අග්‍ර නගරයක්
අත්හැර ලැබූ දෙයක් නම් මේ පැවිද්ද කියා කියන්නේ,
ඒකාන්තයෙන් ම එය ලොවෙහි ඇති උදාර වූ දෙයක් ම
යි!' යි සිතා සුරාසොඬුන්ගෙන් මග ඇසුවා. ඔවුනුත් ඔහු
සමග හත්ථිපාල තවුසා සොයා ගියා. හත්ථිපාල තවුසා
මේ අය හිමාලයට එන බව දැන අහසින් ම පෙරගමන්
ගොස් බණ කීවා. අසපුවට ගෙනැවිත් ඔවුන්වත් පැවිදි
කළා. මේ උපායෙන් අවට රටවල් සයක රජවරුන් පැවිදි
වුණා. මෙසේ රජවරු සත් දෙනෙක් ම රජසම්පත් අත්හැර
පැවිදි ජීවිතය වැළඳ ගත්තා.

කවුරුන් හෝ කෙනෙක් කාමයන් ගැන විතර්ක
කළොත් හත්ථිපාල බෝධිසත්වයෝ ඔවුන් ඉදිරියේ වහා
පෙනී සිට මෙත්තා, කරුණා, මුදිතා, උපෙක්ඛා යන සතර
බ්‍රහ්මවිහරණ භාවනාවත් කසිණ භාවනාවත් කියා දෙනවා.
ඒ පිරිසේ බොහෝ දෙනෙක් ධ්‍යාන අභිඤ්ඤා උපදවා ගන්ට
සමත් වුණා. මුළු පිරිසෙන් එක් කොටසක් බ්‍රහ්මලොව
උපන්නා. තව කොටසක් සදෙව්ලොව උපන්නා. තව
කොටසක් නැවත මිනිස් ලොවට ආවා. හත්ථිපාල
බෝධිසත්වයන්ගේ පිරිසේ කවුරුවත් ඒ ආත්මයේදී
මරණින් මතු සතර අපායේ උපන්නේ නෑ.

"මහණෙනි, කළයුතු යහපත් පුණ්‍ය කර්ම, කුසල
කර්ම ඉක්මනින් ම කරගන්ට ඕනෑ. මෙසේ තථාගතයෝත්
පෙර භවයේදී අභිනික්මන් කොට තියෙනවා. එදා
ඒසුකාරී රජ ව සිටියේ සුදොවුන් නිරිඳා. දේවී ව සිටියේ
මහාමායා බුද්ධමාතාව යි. පුරෝහිත ව සිටියේ අපගේ

මහා කස්සපයෝ. බැමිණිය ව සිටියේ හද්දාකාපිලානි. අප්පාල ව සිටියේ අනුරුද්ධ. ගෝපාල ව සිටියේ මුගලන්. අස්සපාල ව සිටියේ සැරියුත්. අනිත් සියලු දෙනා ම බුදුපිරිස යි. හත්ථීපාල ව සිටියේ මා ය" කියා භාග්‍යවතුන් වහන්සේ මේ හත්ථීපාල ජාතකය නිමවා වදාළා.

මේ ලංකාද්වීපයේ අභිඥා බලයෙන් පොළොව සෙලවූ ධම්මගුත්ත රහතන් වහන්සේ, කටකන්දරවාසී ඵුස්සදේව රහතන් වහන්සේ, උපරිමණ්ඩලමලයවාසී මහා සංසරක්බිත රහතන් වහන්සේ, මලියදේව රහතන් වහන්සේ, හග්ගගිරිවාසී මහාදේව රහතන් වහන්සේ, ග්‍රාමන්තවිහාරවාසී මහාසිව රහතන් වහන්සේ, කාලවල්ලි මණ්ඩපවාසී මහරහතන් වහන්සේ යන මේ රහතන් වහන්සේලා එදා හත්ථීපාල බෝසතුන්ගේ පිරිසේ සිටියා. තේමිය බෝසතුන්ගේ පිරිසේත් සිටියා. චූල සුතසෝම ජාතකයේ සඳහන් පිරිසේත් සිටියා. අයෝසර පණ්ඩිත බෝසතුන්ගේ පිරිසේත් සිටියා. හත්ථීපාල කුමාරයා හිමවතට නික්ම ගියවිට අන්තිමට ගිය පිරිසටයි ඒ රහතන් වහන්සේලා අයත් වූයේ.

14. අයෝසර ජාතකය

අයෝසර බෝසත් කුමරාගේ කතාව

පින්වතුනේ, පින්වත් දරුවනේ,

ඒ දිනවල අපගේ භාග්‍යවතුන් වහන්සේ වැඩවාසය කොට වදාළේ සැවැත් නුවර ජේතවනයේ. එදාත් දම්සභා මණ්ඩපයට රැස්වූ භික්ෂු සංසයා භාග්‍යවතුන් වහන්සේ- ගේ මහාහිනිෂ්ක්‍රමණය ගැන කතා කරමින් සිටියා. ඒ අවස්ථාවේ එතැනට වැඩම කොට වදාළ භාග්‍යවතුන් වහන්සේ තමන් වහන්සේ දැන් පමණක් නොව, පෙර ආත්මවලත් ගිහි දිවිය අත්හැර මහබිනික්මන් කොට තියේ ය කියා මේ අතීත කතාව ගෙනහැර දක්වා වදාළා.

යටගිය අතීතයේ බරණැස් පුර බ්‍රහ්මදත්ත නම් රජෙක් රාජ්‍ය විචාරමින් සිටියා. ඒ බරණැස් රජුගේ අගබිසොවට දරුගැබක් පිහිටියා. පිරිපුන් ගැබ ඇති ඇය එක්තරා රාත්‍රියක පාන්දර ජාමයේ දරුවා බිහි කළා. පෙර ආත්මයේ ඒ දේවිය හා එක ම සැමියාගේ බිරිඳ වශයෙන් සිටි එක්තරා ස්ත්‍රියක් ඇය කෙරෙහි වෛර බැඳ 'මා තී වදන වදන දරුවන් කනවා ය" කියා දැඩි සිතක් පිහිටුවාගෙන උන්නා. එයට හේතුව, ඇය වඳ ගැහැණියක වීම යි. ඒ වෛරී පැතුම නිසා ඇය යකිනියක වී උපන්නා.

එදා අගමෙහෙසිය බලා සිටියදී බිහිසුණු රූ ගත් යකින්නක් ඇවිත් පුත්කුමරු රැගෙන පලා ගියා. "අයියෝ... මගෙ පුතා යකින්නියක් ගෙන ගියා." කියා ඇය විලාප දී හැඬුවා. යකින්නිය දේවිය බලා සිටියදී ම මුරු මුරු හඬින් දරුවා කා දමා, මුහුණෙන් විකාරාදිය පෙන්වා උසුළු විසුළු කොට, දේවියට තර්ජනය කොට නොපෙනී ගියා. එය ඇසූ රජතුමාත් කර කියා ගන්ට දෙයක් නැතිව අසරණ වුණා. දේවිය වැදූ ඊළඟ පුත්‍රයාවත් යකින්නිය ඇවිත් මෙසේ කා දැම්මා. තුන්වෙනුව දේවිය කුස පිළිසිඳ ගත්තේ අප මහ බෝධිසත්වයෝ.

එතකොට රජතුමා මහජනයා රැස්කොට ඇමතුවා. "එම්බා රටවැසියනි, බලව්. අපගේ අනාගත රජපරපුරට වූ විපත. බිසොවුන් වහන්සේ වදන වදන දරුවන් යකිනියක් ඇවිත් කා දමනවා. මෙයින් බේරෙන්ට කුමක් කළයුතු ද?" එතකොට එක් පුරුෂයෙක් නැඟී සිටියා. "දේවයන් වහන්ස, අප අසා තියෙනවා යකුන් තල් කොළවලට බිය ය කියා. තල් කොළ පතුරකින් දේවියගේ අත්වලටත් පාවලටත් වළලු දමනු මැනව." තවෙකෙක් මෙය කීවා. "නෑ දේවයන් වහන්ස, එය හරියන්නෑ. යකඩයෙන් ගෙයක් කරවන්ට ඕනෑ. යකඩ ගෙවල්වලට තමයි යකුන් බය."

"හරි... ඒ අදහස නම් හොඳ ය කියා මටත් සිතේ." යි පිළිතුරු දුන් රජතුමා සිය විජිතයෙහි යකඩ වැඩ කරන ශිල්පීන් රැස් කරවා යකඩින් ගෙයක් තනවන්ට අණ කළා. ඇතුළ නුවරට අයත් සිත්කලු බිමක ගේ හදන්ට පටන් ගත්තා. කණුවල පටන් හැම දෙයක් ම යකඩින් කළා. නවමසක් තුළ යකඩින් කළ අයෝමය ශාලාවක්

ඉදිකරන්ට ඔවුන් සමත් වුණා. එය ඇවිලෙන ප්‍රදීපයක් සේ දිලිසුණා.

දේවිය දරුවා වදන කාලය ළං වුණා. අලංකාර ලෙස සැරසූ යකඩ ගෙට දේවියත් රැගෙන පිවිසුණා. මහා පින්වත් ලකුණින් යුතු සිඟිති පුතෙක් එහි උපන්නා. යකඩ ගෙයි උපන් හෙයින් සිඟිත්තාට 'අයෝසර කුමාරයා' යන නම තැබුවා. කුමාරයා කිරිමවුන්ට භාර දී, හැම අතින් ම රැකවල් තබා, රජතුමා දේවියත් රැගෙන නගරය පැදකුණු කොට මාලිගයට සැපත් වුණා. දරුවන් බිලි ගනිමින් සිටි යකින්නත් වෙසමුණි දෙව්මහරජුට දිය අදිමින් සිටියදී ආයුෂ ගෙවී යාමෙන් මරණයට පත්වුණා. කුමාරයා ඇතිදැඩි වුණේ යකඩ ගෙයි ම ය. ශිල්ප ශාස්ත‍ර හදාළේ ද එහි ම ය.

මෙසේ කුමාරයාට දහසය වසරක් ගෙවෙන තුරු ම යකඩ ගෙයක සිරවී වාසය කරන්ට සිදුවුණා. දහසය හැවිරිදි අයෝසර කුමරා දැන් ඉතා කඩවසම්. බලසම්පන්න යි. ජවසම්පන්න යි. බුද්ධිසම්පන්න යි. රජතුමාත් පුතු දකින්ට කැමති වුණා. "ඇමතිවරුනි, දැන් අපේ පුතු මාලිගයට කැඳවාගෙන එන්ට කාලය යි. නගරය හොඳ හැටි අලංකාර කොට, මුළු නුවර ම පැදකුණු කරවාගෙන මාලිගයට සැපත් කරවන්ට." කියා අණ කළා. ඇමතිවරු රජ කියූ පිළිවෙළට කුමරා ඇතුපිට නංවා, නගරය පැදකුණු කරවා පියරජු ළඟට ගෙන ගියා. "කුමාරයාණෙනි, නුඹවහන්සේගේ ඔටුණු පළඳවන උත්සවය තියෙන්නෙත් අද." කියා කුමාරයාට දන්වා සිටියා.

අයෝසර කුමාරයා නගරය පැදකුණු කරද්දී සිත්කලු වැව් පොකුණු, අලංකාර උයන් වතු, අලංකාර ගොඩනැගිලි

ආදිය දැක "අයියෝ... ඇයි මා පිය රජු මෙතෙක් කල් මා යකඩ ගෙයක සිරකොට තැබුවේ? මෙතරම් අලංකාර නගරයවත් මට පෙන්නුවේ නෑ. අනේ මා අතින් සිදු වූ වරද කිම?" යි කියා ඇමතිවරුන්ගෙන් ඇසුවා.

"අනේ කුමාරයාණෙනි, ඔබවහන්සේගෙන් කිසි වරදක් වුණේ නෑ. ඔබවහන්සේ උපදින්ට කලින් තව පුත් කුමාරවරුන් දෙදෙනෙක් අපගේ බිසවුන් වහන්සේට උපන්නා. ඒ සිඟිති කුමාරවරු දෙන්නාව ම යකින්නියක් ඇවිත් කෑවා නොවැ. ඉතින් රජ්ජුරුවෝ තමුන්නාන්සේගේ ආරස්සාවටයි යකඩ ගෙයක තබා ඇතිදැඩි කළේ. ඒ නිසයි තමුන්නාන්සේ අද පණ පිටින් ඉන්නේ."

එතකොට අයෝසර කුමාරයා සිතන්ට පටන් ගත්තා. 'හප්පේ... මං ලෝකුඹු නිරයේ, ගූථ නිරයේ ඉන්නවා වගේ දස මසක් ම මව්කුසේ විසුවා. මව්කුසෙන් බිහිවූ දා පටන් දහසය වසක් ගෙවෙනා තුරු සිර ගෙයක විසුවා. බාහිර ලෝකයක් දකින්ට ලැබුණේ ම නෑ. දැන් මං යකින්නිය- ගෙන් මිදුණ නමුත් ජරා මරණයෙන් බේරී ඉන්ට බෑ නොවැ. මට රාජ්‍යය ලැබුණත් ආයෙමත් සැනසීමක් නෑ. මේ හැම දෙයක් ම අත්හැර යන එක ලේසි නෑ. ඉන් නිසා පියාගෙන් අවසර ගෙන අද ම පැවිදි වෙන එකයි සුදුසු.' යි සිතුවා.

නුවර පැදකුණු කළ කුමාරයා මාලිගයට පිවිස රජතුමා වැඳ සිටගත්තා. රජතුමා අතිශය සෝභා සම්පන්න කඩවසම් සිරුරක් ඇති කුමරු දෙස බලා බලවත් ස්නේහයක් උපදවා, ඇමතිවරුන් දෙසත් බැලුවා. එතකොට ඇමතිවරු "දේවයන් වහන්ස, අපෙන් කුමක්ද

කෙරෙන්ට ඕනෑ?" "මයෙ පුත් කුමරා රුවන් රැසක් මත සිටුවා, තුන් සංබයකින් ආශීර්වාද පැන් ඉස, රන් මාලා පළඳවා, සුදු සේසත ඔසොවා, රාජාභිෂේකය කරවි."

එතකොට ම කුමාරයා රජුට වන්දනා කළා. "පියරජුනි, මට රජකමෙන් පලක් නෑ. මං පැවිදි වෙන්ට යනවා. අනේ මට එයට අවසර දුන මැනව." "පුත, තොප පැවිදි වෙන්ට අදහස් කළේ මන්ද?"

"දේවයන් වහන්ස, මං දස මසක් මව්කුස සිටි කාලය තවම මතකයි. ගූථ නරකයේ ඉන්නවා වගේ මං විසුවේ. ඉන් පස්සේ දහසය වසක් ම උස්සද නරකයේ කොටු වුණා වගේ බාහිර ලෝකයක් නොදැක සිර ගෙයක විසුවා. මාව බිළිගන්ට බලා සිටි යකිනියගෙන් මං නිදහස් වුණත් නොදිරන නොමැරන කෙනෙක් නොවේ මම. දේවයන් වහන්ස, මට මේ සසර පැවැත්ම තිත්ත වුණා. ජරා ව්‍යාධි මරණවලින් බැටකන දුකෙන් නිදහස් වෙන්ටයි දැන් මට ඕනෑ. ධර්මයේ හැසිරෙන්ටයි ඕනෑ. මට රාජ්‍ය පාලනයක් ඕනෑන්නේ නෑ. අනේ දේවයන් වහන්ස, මගේ පැවිද්දට අවසර දුන මැනව." යි පවසා මේ ගාථාවන් කීවා.

01. යමෙක් එක් රයක පළමුව, ඒ නම් මව්කුස වසන්ට
    වලාකුළ පෙරට ම යන සේ,
    ඔහුත් යයි සසර පෙරට ම
    නැවත හැරී ඒමක් නෑ ම යි ඔහුහට

02. යුද කරන යුධ හටයන්, මහා බල ඇති මිනිසුන්
    නොදිරා ඉන්නේ නෑ, නොමැරී ඉන්නෙත් නෑ
    උපන් සියලු සත්වයෝ, බැට කා ජරා මරණින්
    සසරට ම බැඳි සිතින්, දුකසේ ම මිය යනවා

නිරිඳුනි, මට ඕනෑ ධර්මයේ හැසිරෙමින්,
මෙයින් පැනගන්ටයි

03. රටවල් අයිති රජවරු, බිහිසුණු සිව්රඟ සෙන් සරසා
බලහත්කාරයෙන් යුද වැදී, පැහැර ගනිත් රටවල්
එහෙත් මරණය පරදා,
ජය ගන්ට නම් කිසි අදහසක් නැත
එනිසා ය මා සිතට ගත්තේ නිරිඳුනි,
ධර්මයේ හැසිර මෙයින් පැන ගන්ට

04. ඇත් අස් රිය පාබල සිව්රඟ සෙනඟ පිරිවරා
ශූර රජවරු සතුරන්, පරදවා ජය ගත්ත ද
එසේ මරසෙන් පරදවන, අදහසක් ඔවුනට නැත
එනිසා ය මා සිතට ගත්තේ නිරිඳුනි,
ධර්මයේ හැසිර මෙයින් පැන ගන්ට

05. ඇත් අස් රිය පාබල සිව්රඟ සෙනඟ පිරිවරා
ශූර රජවරු සතුරන්, පරදවා නගර බිඳ දැමුව ද
එසේ මරසෙන් බිඳින, අදහසක් ඔවුනට නැත
එනිසා ය මා සිතට ගත්තේ නිරිඳුනි,
ධර්මයේ හැසිර මෙයින් පැන ගන්ට

06. මද කිපුණු හස්තිරාජයෝ, නුවරවල් බිඳ දමත්
තමා හමුවන ජනයා, පහර දී මරා දමත්
එසේ මරසෙන් මැරුමට, අදහසක් ඔවුනට නැත
එනිසා ය මා සිතට ගත්තේ නිරිඳුනි,
ධර්මයේ හැසිර මෙයින් පැන ගන්ට

07. නිවැරදි එල්ලයට, විදින්ට දක්ෂ වූ
ඉතා නුවණැති මහා දුනුවායෝ සිටිත්

එසේ මරසෙන් විදුමට, අදහසක් ඔවුනට නැත
එනිසා ය මා සිතට ගත්තේ නිරිඳුනි,
ධර්මයේ හැසිර මෙයින් පැන ගන්ට

08. මහා දියවිල් පවා, සිඳී යන කලක් ඒ ම ය
සෙල් පව් මහා වන, නැසෙන කලකුත් ඒ ම ය
බොහෝ කල් ගෙවා වුව, ඒවා නැසී යත් ම ය
නැසෙන කාලය ආ විට, වළකන්ට බැරි ම ය
එනිසා ය මා සිතට ගත්තේ නිරිඳුනි,
ධර්මයේ හැසිර මෙයින් පැන ගන්ට

09. මෙහි වසන ගැහැනු පිරිමි ද, අන් සියලු සතුනුත්
කුමක් හෝ අනතුරකින්, මරණයට පත් වේ දැයි
නිතර ම සැලි සැලී, බියෙන් නොසිටිත් ද?
සුරා සොඬෙකුට නොදැනී, ගිලිහෙන වතක් මෙනි
ගං ඉවුරට ඇලවී, වැටෙන්ට ඇති ගසක් මෙනි
එනිසා ය මා සිතට ගත්තේ නිරිඳුනි,
ධර්මයේ හැසිර මෙයින් පැන ගන්ට

10. සිඟිති අයත් මහලු අයත්, යොවුන් පිරිමි ගැහැනුත්
කුමන අයුරින් සිටිය ද, හැමවිට ම ඒ අය ඉන්නේ
ගස්වල ඉදුණු ගෙඩි ලෙස,
කොයි මොහොතේ හෝ මැරෙත්
එනිසා ය මා සිතට ගත්තේ නිරිඳුනි,
ධර්මයේ හැසිර මෙයින් පැන ගන්ට

11. උපන් සතගේ ආයුෂ, මෙසේ ගෙවී යන්නේ
ගෙවී යන සඳ ලෙස මිස, වැඩෙන සඳ ලෙස නොවේ
ගියා ද යමක් අතීතයට, නැවත එය හැරී නොඑ් ම ය
ජරාවෙන් අසරණයෙකුට, කම්සුවෙන් ඇති එල කිම?

කවර සැපයක් ද ඔහුට, එය හිමි නැත ඔහුට
එනිසා ය මා සිතට ගත්තේ නිරිඳුනි,
ධර්මයේ හැසිර මෙයින් පැන ගන්ට

12. යක්ෂ පිසාච ප්‍රේතයෝ, වෛර බැඳ අවුත්
මිනිසුන්ට ආවේශ ව, මහත් සේ පීඩා කරත්
එනමුත් ඒ යකුන්, මරුට ආවේශ වෙන්ට නොසිතත්
එනිසා ය මා සිතට ගත්තේ නිරිඳුනි,
ධර්මයේ හැසිර මෙයින් පැන ගන්ට

13. යක්ෂ පිසාච ප්‍රේතයෝ කිපි ඇවිදින්
මිනිසුන්ට ආවේශ වූ විට
පූජා පවත්වා මිනිසුන්, ඒ යකුන් සතුටු කරවත්
මරුහට එසේ පූජා පවත්වා,
සතුටු කරවන්ට කාටවත් බැරි විය
එනිසා ය මා සිතට ගත්තේ නිරිඳුනි,
ධර්මයේ හැසිර මෙයින් පැන ගන්ට

14. අපරාධකරුවන්, දූෂකයන්, සොරුන්
අල්ලා බැඳ රජවරු, දඬුවම් දෙති ඔවුන්ට
එලෙස මරුව අල්ලා බැඳ දඬුවම් දෙන්ට,
කාටවත් බැරි විය
එනිසා ය මා සිතට ගත්තේ නිරිඳුනි,
ධර්මයේ හැසිර මෙයින් පැන ගන්ට

15. අපරාධකරුවන්, දූෂකයන්, සොරුන්
නිදහසට කරුණු කියා ඇවිදින්,
දඬුවම්වලින් නිදහස් වෙති
නිදහසට කරුණු කියා මෙලෙසින්
මරණයෙන් නිදහස් වෙන්ට, තවම කාටත් බැරි විය

එනිසා ය මා සිතට ගත්තේ නිරිඳුනි,
ධර්මයේ හැසිර මෙයින් පැන ගන්ට

16. මොහු රජෙකි බමුණෙකි, මොහු පොසත් ය දුප්පත් ය
මොහු මහා බලවතෙකි යි, විමසා බැලීමක් නැතිව
නිසි කල මාරයා ඇවිත්, සියලු දෙන රැගෙන යයි
එනිසා ය මා සිතට ගත්තේ නිරිඳුනි,
ධර්මයේ හැසිර මෙයින් පැන ගන්ට

17. සිංහයෝ ව්‍යාසුයෝ ආදී සත්තු,
මිනිසුන්ව අල්ලාගෙන
ඔවුන් සැලි සැලී සිටිද්දී, වගක් නැතිව කා දමත්
එලෙසින් ම මරණය අල්ලා කාදමන්ට,
බැරි විය කිසි සතෙකුට
එනිසා ය මා සිතට ගත්තේ නිරිඳුනි,
ධර්මයේ හැසිර මෙයින් පැන ගන්ට

18. රඟමඬල මැද මායා දක්වන්නෝ
සැණෙකින් ජනයාගේ දෑස් මුළා කරත්
එලෙස මරහුගේ දෑස් මුළා කරන්ට
කිසි මායාකාරයෙකුට තවමත් බැරිවුණා
එනිසා ය මා සිතට ගත්තේ නිරිඳුනි,
ධර්මයේ හැසිර මෙයින් පැන ගන්ට

19. බිහිසුණු විෂසෝර සර්පයෝ, මිනිසුන්ට දෂ්ට කොට
මරා දමන්ට සමත් වෙති
එසේ මරණයට දෂ්ට කොට මැරීමට,
සර්පයන්ටත් බැරි විය
එනිසා ය මා සිතට ගත්තේ නිරිඳුනි,
ධර්මයේ හැසිර මෙයින් පැන ගන්ට

20. බිහිසුණු විෂසොර සර්පයෝ, මිනිසුන්ට දෂ්ට කළවිට
    වෙද්දු බෙහෙතින් විෂ නසා, සුවපත් කරති මිනිසුන්
    මරුගේ විෂ නසන්ට, කිසිම වෙදෙකුට බැරි විය
    එනිසා ය මා සිතට ගත්තේ නිරිඳුනි,
    ධර්මයේ හැසිර මෙයින් පැන ගන්ට

21. ධන්වන්තරී, වෛතරණී හා හෝජ යන
    මහා වෙදැදුරෝ සර්ප විෂ නැසූ නමුත්
    ඔවුන් මරණයට පත්විය
    එනිසා ය මා සිතට ගත්තේ නිරිඳුනි,
    ධර්මයේ හැසිර මෙයින් පැන ගන්ට

22. සොර නමැති මන්තු විද්‍යාවෙන්
    සිද්ධි ලද විද්‍යාධරයෝ,
    ඒ බෙහෙත් බලෙන් නොපෙනී යති
    මරුට නොපෙනී යන්ට, ඒ කාටවත් ම බැරි විය
    එනිසා ය මා සිතට ගත්තේ නිරිඳුනි,
    ධර්මයේ හැසිර මෙයින් පැන ගන්ට

23. ඒකාන්තයෙන් ම ධර්මය විසින්
    ධර්මයෙහි හැසිරෙන්නාව රකියි
    ධර්මය හොඳින් පුරුදු කළවිට, මේ අනුහස් ලැබෙයි
    ධර්මයෙහි හැසිරෙන්නා,
    මරණින් මතු දුගතියේ නූපදියි

24. ධර්මයත් අධර්මයත්, එක හා සමාන නැත
    විපාක දෙන විට එහි, බොහෝ වෙනස්කම් ඇත
    අධර්මයෙන් සත්වයා නිරයට රැගෙන යයි
    ධර්මයෙන් සත්වයා දෙව්ලොවට ගෙන යයි

අයෝසර කුමාරයා මේ ගාථාවන්ගෙන් පියරජුට දහම් දෙසුවා. "මහරජ, තොප සතු දේ තොපට ම වේවා! මට මේ කිසිවකින් පලක් නෑ. නුඹවහන්සේ හා කතාබස් කරමින් සිටින මේ මොහොතේ පවා ලෙඩෙදුක් ජරා මරණ මා පසුපසින් එනවා. නුඹවහන්සේ මෙහි ම සිටිය මැනව." යි කියා මාපියන් වන්දනා කොට, යදම් සිඳ බිඳ යන ඇත්රජෙකු සේ, රන් කූඩුවක් බිඳගෙන යන සිංහරාජයෙකු සේ ගිහිගෙයින් නික්ම ගියා. කුමාරයා ගිහිගෙයින් නික්ම ගිය විට දේවියත්, ඇමතිවරුත්, බ්‍රාහ්මණ ගෘහපති ආදීනුත් සියලු බරණැස් නුවර වැසියොත් ගේදොර අත්හැර නික්ම ගියා. අයෝසර කුමරා හා දොළොස් යොදුනක පිරිසක් ගිහිගෙය අත්හැරියා. ඔවුන් වෙනුවෙන් සක්දෙවිඳු සත් යොදුනක් පැතිර ගිය අසපුවක් කරවා දුන්නා. සියලු පැවිදි පිරිකර සකසා දුන්නා. අයෝසර තවුසා ඔවුන්ටත් බණ කියා අවවාද දී මරණින් මතු බඹලොව උපන්නා. අයෝසර බෝධිසත්වයන් හා පැවිදි වූ පිරිසෙන් කිසිවෙක් ඒ ආත්මයේ මරණින් මතු සතර අපායේ උපන්නේ නෑ.

"මහණෙනි, දැන් මේ ආත්මයේ පමණක් නොවෙයි, පෙර ආත්මවලත් තථාගතයෝ අභිනික්මන් කොට තියෙනවා. මහණෙනි, එදා මාපියන් ව සිටියේ ශාකය රාජකුලය යි. පිරිස ව සිටියේ මේ බුදු පිරිස ම යි. අයෝසර තවුසා ව සිටියේ මා ය" කියා භාග්‍යවතුන් වහන්සේ මේ අයෝසර ජාතකය නිමවා වදාළා.

මහාමේඝ ප්‍රකාශන

● ජාතක කථා පොත් පෙළ :

කොටස් වශයෙන් පළවන, ජාතක පොත් වහන්සේට අයත් කතා වස්තුන් "නුවණ වැඩෙන බෝසත් කතා" නමින් පොත් 49 ක් මේ වන එළිදක්වා ඇත.

● අලුත් සදහම් වැඩසටහන :

43. සාරිපුත්ත මහරහතන් වහන්සේ
44. පුණ්ණ දුගියා
45. උත්තරා
46. චූල සුහද්‍රා
47. අංගුලිමාල මහරහතන් වහන්සේ
48. අසදිසි දානය

- ### ඉංග්‍රීසි භාෂාවට පරිවර්තනය වී ඇති ධර්ම දේශනා ග්‍රන්ථ :

01. Mahamevnawa Pali-English Paritta Chanting Book
02. The Wise Shall Realize
03. The life of Buddha for children
04. Buddhism
05. Arahant Kondanna - The First Bhikkhu
06. Dependent Origination
07. Buddha - The Marvelous Sage

- ### ඉංග්‍රීසි භාෂාවට පරිවර්තනය වී ඇති සූත්‍ර දේශනා ග්‍රන්ථ :

01. Stories of Ghosts
02. Stories of Heavenly Mansions
03. Stories of Sakka, Lord of Gods
04. Stories of Brahmas
05. The Voice of Enlightened Monks
06. The Voice of Enlightened Nuns
07. What Does the Buddha Really Teach? (Dhammapada)
08. What Happens After Death - Buddha Answers

09. This Was Said by the Buddha
10. Pali and English Maha Satipatthana Sutta

- ### ඉංග්‍රීසි භාෂාවට පරිවර්තනය වී ඇති සදහම් සිතුවම් පොත් :

01. Chaththa Manawaka
02. The Great Arhant Bahiya Darucheeriya
03. The Great Arhant Pindola Bharadvaja
04. Sumana the Novice monk
05. The Great Arahath Bikkhuni Ambapali
06. The Great Arahant RattApala
07. Stingy Kosiya of Town Sakkara
08. Kisagothami
09. Sumana The Florist
10. Kali She-devil
11. Ayuwaddana Kumaraya
12. The Banker Anathapindika
13. The Great Disciple Visākhā
14. Siriguththa and Garahadinna